GERESO
ÉDITION

100 questions pour comprendre le bulletin de paie

Collection « L'essentiel pour agir »

100 questions pour comprendre le bulletin de paie

Décrypter, analyser et expliquer un bulletin de paie

Auteur: Stéphane LIZIARD

Édition 2017

Direction de collection: Catherine FOURMOND
Conception graphique de couverture : Atmosphère
Suivi éditorial et conception graphique intérieure: GERESO Édition
Illustration: © fullempty/istockphotos.com

www.gereso.com/edition
e-mail: edition@gereso.fr
Tél. 02 43 23 03 53 - Fax 02 43 28 40 67

Dépôt légal: Février 2017
ISBN: 978-2-35953-436-8
EAN 13: 9782359534368

GERESO SAS au capital de 160640 euros - RCS Le MANS B 311 975 577
Siège social: 38 rue de la Teillaie - CS 81826 - 72018 Le Mans Cedex 2 - France

GERESO ÉDITION

Dans la même collection :

- Départs négociés et ruptures conventionnelles
- Discriminations en entreprise
- Droit du travail, droits des parents
- Développer et gérer son patrimoine en 200 questions
- Gestion de la formation 2.0
- Guide des risques psychosociaux en entreprise
- Knowledge Management en entreprise
- La gestion du risque crédit client
- La mobilité internationale des salariés
- La protection sociale en 170 questions
- La retraite des salariés du secteur privé
- Le droit du travail en 350 questions
- Le management interculturel
- Les accidents du travail
- Les droits du salarié
- L'emploi des travailleurs handicapés
- Manager une équipe projet
- Prévention et santé au travail
- Quel pouvoir disciplinaire pour l'employeur ?
- Réseau social d'entreprise
- Ressources humaines 2.0

www.la-librairie-rh.com

la librairie RH
by GERESO

Remerciements

L'écriture d'un ouvrage nécessite du temps, de la disponibilité, une certaine prise de recul. Autant d'éléments qui ne sont pas toujours faciles à trouver dans notre vie quotidienne.

J'adresse mes remerciements à mon entourage, pour sa patience et ses encouragements.

J'adresse une pensée particulière à mes stagiaires, dont le contact régulier est toujours une source d'échanges, d'ouverture, de questionnement. La pratique du métier de consultant formateur, que j'exerce maintenant depuis plus d'une quinzaine d'années offre, en effet, le plaisir de rencontrer une multitude de nouvelles personnes, et ceci toutes les semaines. Ces rencontres sont toujours l'occasion de nouvelles idées et d'un enrichissement mutuel.

Je remercie aussi les équipes de Gereso et notamment Barbara Foucault, responsable du pôle pédagogique, et celles d'Élegia avec Sabrina Desfontaines, consultante formation et Sébastien Chasles, directeur des solutions inter/intra et conférences, pour la longue relation de confiance et de partenariat nouée avec ces organismes.

Merci également aux équipes de Gereso Édition qui m'ont apporté leur soutien dans la réalisation de cet ouvrage, que ce soit Catherine Fourmond, responsable des éditions, qui a su donner l'impulsion au projet, Raphaëlle Cormier et Laurence Leboucher, qui m'ont accompagné dans la finalisation de l'ouvrage.

Merci à Anne-Sophie Carrère, consultante-formatrice en paie et droit social chez Gereso, qui par ses suggestions a su m'orienter dans mon projet de publication.

Enfin, un grand merci à Pierre Moutou, professeur de yoga, dont les cours de yoga m'ont apporté le calme et le recul nécessaires à la poursuite de ce livre et à mon quotidien de consultant !

Signification des pictogrammes

À noter

Exemple

Attention !

Sommaire

Introduction

« Si vous fermez la porte à toutes les erreurs,
la vérité restera dehors. »

TAGORE

Les réactions face au bulletin de paie sont multiples : incompréhension, désarroi, voire sentiment de solitude …

Ces réactions sont justifiées : notre bulletin de paie français est, en effet, particulièrement complexe et déroutant, par son nombre de lignes, les complexités multiples de calcul, sa constante évolution.

Face à cet environnement hostile, il est nécessaire d'avoir son guide de survie. Un ouvrage pratique, dédramatisant le bulletin, et apportant un certain nombre de réponses claires aux questions que l'on est en droit de se poser, tel est l'objectif de cet ouvrage.

Ce livre reprend les principales problématiques auxquelles on est confronté face au bulletin de paie et vous apporte, sous forme de questions/réponses, des précisions indispensables pour mieux comprendre les mécanismes mis en œuvre sur le bulletin. L'objectif est de vous fournir les principes indispensables qui vous permettront de mieux comprendre le bulletin, ceci pour les vérifier, ou pour servir de support à une explication à un salarié qui souhaiterait avoir des précisions sur les éléments figurant sur son bulletin.

Les questions abordées dans cet ouvrage sont regroupées selon les thèmes suivants :
- règles générales régissant le bulletin de paie ;
- les différentes zones du bulletin ;

- identité de parties (vous, votre employeur) ;
- éléments de rémunération ;
- les primes et indemnités ;
- bulletin de paie et départ de l'entreprise ;
- avantages en nature : ses avantages et inconvénients ... ;
- la durée du travail dans tous ses états ;
- les absences en paie ;
- cotisations, contributions et prélèvements divers ;
- salaire net et éléments non soumis à cotisations ;
- indemnités journalières de Sécurité sociale ;
- les retenues pouvant être effectuées sur votre paie ;
- les remboursements de frais à la charge de l'employeur ;
- épargne salariale ;
- compteurs de congés payés et autres compteurs.

Je vous souhaite une bonne lecture, et espère que vous trouverez dans cet ouvrage la réponse aux questions que vous pouvez vous poser !

1re partie

GÉNÉRALITÉS

Chapitre 1

Règles régissant le bulletin de paie

1 - Tous les salariés doivent-ils recevoir un bulletin de paie ?

Tout salarié doit recevoir un bulletin de paie tous les mois. Les dispositifs de simplification des formalités permettent de réaliser également cette formalité.

Remise obligatoire

Le Code du travail impose la remise d'un bulletin de paie à tout salarié[1], cela avec une périodicité au moins mensuelle. Cette obligation s'impose à tout employeur, quels que soient son statut et le nombre de salariés gérés.

Cette obligation s'impose pendant toute la durée de validité du contrat de travail. Ainsi même pendant les périodes de suspension du contrat de longue durée (congé parental, congé sabbatique, congé création d'entreprise...) le salarié doit continuer à percevoir tous les mois son bulletin de paie. Cependant, dans le cas de suspension de longue durée, on se retrouve souvent avec des bulletins de paie « à blanc » (salaire brut égal à zéro, net à payer et net imposable également).

Dans ce cas, même si la remise du bulletin est théoriquement obligatoire, les éventuelles sanctions ne se déclencheront qu'en cas de préjudice pour le salarié. Dans la pratique, si le bulletin est à blanc, il ne sera pas forcément remis systématiquement au salarié. Cette tolérance a d'ailleurs été confirmée par une réponse ministérielle[2].

---

1. Article L. 3243-2 du Code du travail.
2. Réponse Masson n° 16350 du 5 mai 2005.

Par ailleurs, en cas de suspension de longue durée du contrat, sans maintien de la rémunération, la question du maintien de la prévoyance et du contrat frais de santé (à savoir la mutuelle !) se pose. En effet, concernant la prévoyance et les frais de santé, la législation sur les contrats obligatoires oblige de proposer une couverture tant que le salarié perçoit une rémunération (cf. question 59).

En cas de maintien d'une cotisation salariale forfaitaire pendant une période de suspension du contrat non payée, on se retrouve avec un bulletin de paie négatif, le salarié doit de l'argent à son employeur ! Il est conseillé de régulariser cette dette régulièrement auprès du salarié pour éviter les montant élevés à régulariser au retour du salarié (cf. question 82). Lorsqu'on passe une cotisation sur le bulletin de paie, même s'il n'y a aucune rémunération versée, le bulletin n'est plus « à blanc », la remise du bulletin devient donc obligatoire.

Remise mensuelle

La loi de mensualisation du 19 janvier 1978 fixe une périodicité au moins mensuelle pour la remise du bulletin. Rien n'interdit de remettre plusieurs bulletins dans le mois : en pratique cette option est rarement mise en œuvre !

À noter que si le salarié effectue plusieurs contrats au cours du mois, avec des interruptions entre chaque contrat, l'obligation de remise du bulletin vaut pour chaque contrat : dans ce cas le salarié pourra avoir plusieurs bulletins de paie pour un même mois pour un même employeur.

De la mensualisation découle un certain nombre d'avantages pour le salarié :

- Une rémunération payée tous les mois sur la base d'un horaire mensualisé moyen (cf. question 18).
- Des jours fériés chômés.
- Le droit à des congés pour événements familiaux (cf. question 100).
- Le maintien de salaire sous certaines conditions en cas de maladie ou accident du travail (cf. question 54).
- Le droit à l'acompte.

Dispositifs de simplification des formalités administratives

Pour les petites structures et certaines catégories de salariés, il existe des dispositifs de simplification des formalités qui permettent de simplifier l'élaboration du bulletin de paie (et donc de limiter les risques de contentieux inhérents au bulletin).

Les principaux dispositifs sont le Cesu déclaratif (chèque emploi service universel) pour les particuliers employeurs, Tese (titre emploi simplifié entreprise) pour les petites structures de moins de 20 salariés, et le Cea (chèque emploi associatif) pour le secteur associatif.

Ces dispositifs qui permettent de confier à un tiers l'élaboration du bulletin de paie et un certain nombre de formalités administratives (déclaration unique d'embauche, déclaration de cotisations et déclarations sociales) ont un caractère facultatif.

Concernant le Tese et Cea, si ces dispositifs sont tous deux facultatifs, l'employeur doit désormais (depuis début 2016) l'utiliser à titre exclusif (l'ensemble des salariés de la structure devant être déclarés par le dispositif choisi).

Un dispositif à caractère obligatoire : le Guso.

Le Guso (guichet unique spectacle occasionnel) permet de payer les salariés du spectacle vivant pour les entreprises dont l'activité principale n'est pas le spectacle vivant.

Ce dispositif concerne les salariés du spectacle vivant (artistes et techniciens) embauchés en contrat à durée déterminée.

Il existe d'autres dispositifs concernant des publics spécifiques :

- Les employeurs de moins de 11 salariés, embauchant des salariés non permanents dans les DOM : le titre de travail simplifié.
- Le secteur agricole, pour l'emploi de travailleurs saisonniers de moins de trois mois.

Ces dispositifs sont proposés à l'employeur pour faciliter sa gestion de la paie, le salarié ne peut s'y opposer.

Pour plus d'informations :

Cesu déclaratif : www.cesu.urssaf.fr

Tese : www.letese. urssaf.fr

Cea : www.cea.urssaf.fr

Guso : www.guso.enligne.fr

2 - À quelle date doit-on remettre un bulletin de paie ?

La loi ne fixe pas de date de paiement impérative. La détermination de cette date de paiement est du ressort de l'employeur. Il existe cependant différentes règles à respecter, et des cas particuliers.

Paiement mensuel en principe

La loi de mensualisation du 19 janvier 1978 impose aux employeurs la remise d'un bulletin avec une périodicité au moins mensuelle.

La mensualisation s'applique à tous les salariés, à l'exception de quelques catégories[3] :

- les travailleurs à domicile ;
- les salariés intermittents ;
- les salariés saisonniers ;
- les travailleurs temporaires.

Ces salariés ne bénéficiant pas de la mensualisation seront payés sur la base d'un salaire horaire, avec un nombre d'heures payées différent d'un mois à l'autre.

Le salarié mensualisé sera payé tous les mois sur la base d'un nombre d'heures moyen mensualisé (cf. question 18).

Pour les salariés non mensualisés (travailleurs saisonniers, travailleurs à domicile et intérim), le Code du travail impose de payer les salariés deux fois par mois avec 16 jours d'intervalle au plus entre deux paiements[4].

Date de paiement fixée par l'employeur

Si la périodicité est imposée par la loi, rien n'est fixé sur la date de paiement du salaire qui demeure un choix de l'employeur. À noter qu'une fois une date de paiement choisie, celle-ci doit être respectée pour les échéances suivantes.

Pratique du décalage de paie

Il est possible de payer les salaires sur le mois en cours, ou sur le mois suivant, également appelé décalage de paie. En cas de décalage de paie, l'employeur doit appliquer les taux de cotisation et les plafonds en vigueur à la date de paiement des salaires, vous devrez également déclarer aux impôts les salaires perçus au cours de l'année civile, indépendamment de la date à laquelle se rattachent les salaires (la date de paiement déclenche l'exigibilité !), cf. question 75.

3. Article L. 3242-1 du Code du travail.
4. Article L. 3242-3 du Code du travail.

3 - Un bulletin de paie électronique est-il valable ?

La loi du 12 mai 2009 a instauré le bulletin de paie électronique. Celui-ci est tout à fait légal. Le législateur a prévu des garde-fous en termes de contenu du document. Le support électronique proposé doit être fiable et infalsifiable.

Bulletin électronique encadré par la loi

La remise du bulletin sous format électronique doit être faite dans des conditions de nature à garantir l'intégrité des données. L'employeur engage donc sa responsabilité sur l'intégrité des données, à savoir que les informations contenues dans le bulletin de paie électronique sont complètes, exactes, non altérées et surtout qu'elles sont sécurisées.

Par ailleurs, parallèlement à la remise du bulletin de paie au format électronique, l'employeur a l'obligation de proposer au salarié un système d'archivage électronique pour ses bulletins de type « coffre-fort électronique ». Ce système d'archivage est proposé aux salariés ayant un contrat de travail en cours dans l'entreprise.

La Loi travail encadre ce coffre-fort électronique. Un décret en date du 16/12/2016 fixe les modalités de conservation du bulletin de paie électronique. Ainsi, à compter du 1er janvier 2017, l'employeur proposant un bulletin de paie électronique doit garantir la disponibilité du bulletin dans le coffre-fort pendant la durée suivante :

- soit pendant une durée de 50 ans ;
- soit jusqu'à ce que le salarié ait atteint l'âge de 75 ans.

Par ailleurs, la Loi travail indique que le bulletin de paie électronique sera consultable dans le cadre de la plateforme de service instituée au titre du compte personnel d'activité, plateforme dont la gestion a été confiée à la Caisse des Dépôts et Consignations.

4 - Puis-je refuser la remise de mon bulletin au format électronique ?

Il est possible de refuser la remise de son bulletin de paie au format électronique. Les modalités de mise en œuvre du bulletin de paie au format électronique sont cependant modifiées depuis le 1er janvier 2017.

Évolution des modalités de mise en œuvre du bulletin de paie électronique

Initialement, la loi prévoyait un accord préalable de chacun des salariés concernés avant la remise de leur bulletin au format électronique.

Suite à la Loi travail du 8 août 2016, à compter du 1er janvier 2017, la logique de la remise du bulletin de paie électronique est modifiée. Le bulletin paie électronique est désigné comme la remise par défaut, ce qui signifie que désormais un employeur qui souhaite remettre un bulletin de paie au format électronique à ses salariés n'a plus besoin de demander leur accord préalable. Cependant, la loi prévoit qu'il est toujours possible de refuser la remise de son bulletin au format électronique. Désormais, seuls les salariés ayant refusé par écrit (lors de la mise en œuvre du bulletin paie électronique, ou lors de son arrivée dans une entreprise), la remise de leur bulletin au format électronique pourront continuer à recevoir un bulletin de paie papier.

On note donc une volonté de l'administration de faciliter les employeurs dans leur démarche de mise en œuvre du bulletin de paie électronique.

Il s'agit de confirmer si ces démarches seront suivies d'effet. Cependant, on peut quand même souligner une certaine réticence des salariés à leur remise de leur bulletin au format électronique.

En effet, vu les enjeux en termes de conservation du bulletin, et vu le temps de conservation du bulletin de paie (cf. question 8), on peut s'interroger sur la modalité (papier ou électronique) qui offre les meilleures garanties. Les deux solutions comportent des risques ou incertitudes qui ne sont pas résolues pour le moment. La sécurité serait de doubler le moyen de conservation (papier + électronique), mais ce choix génère également des surcoûts. Bref, il n'y a pas de solution miracle.

Peu d'entreprises françaises ont recours au bulletin de paie électronique (quelques centaines d'entreprises à ce jour). Nous sommes en retard par rapport aux autres pays européens où cette pratique est plus répandue. Il n'existe cependant pas de statistiques précises sur le nombre de salariés disposant actuellement d'un bulletin de paie électronique.

Papier ou électronique ?

Papier		Electronique	
Les +	Les -	Les +	Les -
Une trace physique Facile à transporter et à présenter à un tiers	Conditions de conservation matérielles (craint l'humidité, le feu, les insectes,...) Coût impression, Envoi	Impact écologique Conservation + facile si technologie maîtrisée	Coût annexes : Solution d'archivage, réimpression du bulletin... Comment le remettre à un tiers ? Pérennité du coffre-fort électronique

5 - Le bulletin de paie doit-il être envoyé à votre domicile ?

Normalement, le bulletin de paie est tenu à la disposition du salarié. Le bulletin peut cependant être envoyé par voie postale.

Bulletin de paie quérable

L'employeur n'a pas l'obligation d'envoyer le bulletin de paie par voie postale. La jurisprudence pose le principe : « Le bulletin de paie est quérable et non portable[5]. ».

Cela signifie que le bulletin de paie est tenu à disposition du salarié. Il peut être remis directement au salarié sur son lieu de travail, par exemple.

Pour des raisons pratiques, il est possible d'envoyer le bulletin de papier directement par voie postale au domicile du salarié.

En ce qui concerne le bulletin de paie électronique, la remise se fait par l'intermédiaire de la mise à disposition du bulletin, dans des conditions de nature à garantir l'intégrité des données (cf. question 3). Le Code du travail ne précise pas les modalités de remise du bulletin de paie électronique.

Principe applicable également en cas de solde de tout compte

Ce principe du bulletin quérable est également valable pour le départ du salarié. Lors du départ, l'ensemble des éléments sont tenus à disposition, au moment du départ de l'entreprise.

En cas de préavis non effectué, les éléments du solde sont normalement à remettre au moment du départ de l'entreprise, le jour du départ

5. Cour de cassation 11 avril 1991.

marquant le début du préavis. La non-exécution du préavis n'anticipe pas l'échéance du préavis.

Deux solutions sont alors possibles :

- Anticiper le départ, et traiter le solde de tout compte, le jour du départ.
- Attendre la fin du préavis pour réaliser le solde de tout compte, on pourra remettre une attestation au salarié au moment du départ qui précise que le salarié quitte l'entreprise à telle date, et qu'il se trouve libéré de toute obligation de fourniture de travail vis-à-vis de son employeur, ce qui lui permettra de reprendre une activité auprès d'un nouvel employeur.

6 - Quelles sont les mentions interdites du bulletin de paie ?

Le législateur interdit de faire référence de façon explicite à deux situations sur le bulletin de paie[6] :

- exercice du droit de grève ;
- exercice de fonctions de représentation du personnel.

En pratique, les heures de grève doivent être valorisées avec un libellé neutre « absence autorisée non payée ».

Suivi des heures de délégation

Pour les fonctions de représentation du personnel, le suivi éventuel des heures de délégation doit se faire sur un document annexe au bulletin de paie, document qui est nécessairement distinct du bulletin de paie. La rémunération des heures de délégation doit être mentionnée avec un libellé neutre, ou être intégrée avec les autres heures du mois. Ce document peut avoir la forme du tableau suivant :

Suivi des heures de délégation

Mandat de représentation du personnel	Heures de délégation allouées (1)	Nombre d'heures utilisées au cours du mois	Solde (2)
Délégué du personnel			
Membre du CE			
Membre du CHSCT			
Délégation unique du personnel ancienne version			
Délégation unique du personnel nouvelle version, suite loi Rebsamen (mise en place après 19/08/15)			
Délégué syndical			

6. *Article R. 3243-4 du Code du travail.*

Remarques concernant le document :

Les crédits d'heures de délégation allouées sont des crédits mensuels, individuels (attribués au représentant titulaire du mandat, ou en cas d'indisponibilité à son remplaçant, sauf dans le cadre de la délégation unique nouvelle formule (à savoir mise en place après le 19 août 2015). qui prévoit la possibilité de céder des heures de délégation à un autre représentant du personnel titulaire.

Si le solde d'heures est positif il n'y a pas de report possible sur le mois suivant, sauf dans le cadre de la délégation unique nouvelle formule qui prévoit la possibilité de report des heures sur douze mois.

Si le solde est négatif, le représentant a dépassé le crédit autorisé. Si des circonstances exceptionnelles le justifient, ce dépassement peut être autorisé par l'employeur. En l'absence de circonstances exceptionnelles, ce dépassement autorise l'employeur à pratiquer une retenue sur salaire pour absence injustifiée.

7 - En quoi consiste le bulletin de paie simplifié ?

Le Code du travail impose toute une série de mentions obligatoires qui doivent nécessairement figurer sur le bulletin de paie (papier ou électronique). À défaut, le salarié peut obtenir des dommages et intérêts.

Série de mentions obligatoires

Un décret et arrêté du 25 février 2016, sur le bulletin de paie « clarifié » vient modifier la présentation des cotisations sur les bulletins de paie à compter du 1er janvier 2017 pour les entreprises d'au moins 300 salariés ou 1er janvier 2018 pour les autres entreprises.

Les entreprises qui le souhaitent peuvent anticiper les échéances et appliquer les modifications dès février 2016.

Cette liste et cet ouvrage intègrent dès à présent ces modifications[7].

7. Source : Articles R. 3243-1 et R. 3243-2 du Code du travail.

Liste des mentions obligatoires du bulletin de paie	Commentaires
Nom, adresse de l'employeur et, le cas échéant, désignation de l'établissement dont dépend le salarié	
Numéro SIREN et code NAF	La référence de l'Urssaf auprès de laquelle l'employeur verse les cotisations de Sécurité sociale n'est plus obligatoire suite au décret du 25/02/16 La présence du numéro SIREN est désormais obligatoire. Auparavant il s'agissait d'une mention facultative
Intitulé de la convention collective applicable (à défaut, références du Code du travail concernant la durée des congés payés et les délais de préavis en cas de cessation de la relation de travail)	Cf. question 12 et 13
Nom et emploi du salarié, position dans la classification conventionnelle qui lui est applicable	Le numéro de Sécurité sociale est facultatif
Période et nombre d'heures auxquels se rapporte le salaire	En distinguant les heures payées au taux normal et celles qui comportent une majoration pour heures supplémentaires ou pour toute autre cause et en mentionnant le taux horaire appliqué
Pour les salariés sous convention de forfait, nature et volume du forfait auquel se rapporte le salaire	Cf. question 46 et question 47.
Indication de la nature de la base de calcul du salaire lorsque, par exception, cette base de calcul n'est pas la durée du travail	
Nature et montant des accessoires de salaire soumis aux cotisations salariales et patronales (primes, avantages en nature…)	
Montant de la rémunération brute du salarié	
Le montant, l'assiette, et le taux des cotisations et contributions d'origine légale et conventionnelle	Les cotisations doivent être regroupées par risque couvert, selon le modèle fixé par l'arrêté du 25 février 2016
Le montant total des exonérations et exemptions de cotisations et contributions sociales	
Le montant total versé par l'employeur	Il s'agit du salaire brut, majoré des cotisations et contributions patronales mais diminué des exonérations et exemptions

Liste des mentions obligatoires du bulletin de paie	Commentaires
Montant de la somme nette versée au salarié et date de paiement	
Dates de congés payés et montant de l'indemnité correspondante quand une période de congés annuels est comprise dans la période de paie considérée	
Montant de la prise en charge des frais de transport public ou des frais de transport personnel	
Mention incitant le salarié à conserver le bulletin de paie sans limitation de durée, ainsi qu'un renvoi au site « service-public.fr »	

Nouveautés apportées sur le bulletin simplifié

Les principales modifications apportées par le décret et arrêté du 25 février 2016 concernent la présentation des cotisations sur le bulletin de paie. En effet, suite à ce décret le libellé des lignes de cotisations, leur ordre d'apparition sur le bulletin sont fixés par le législateur. La raison de ces modifications est de faciliter la lecture du bulletin de paie par le salarié. La présentation des cotisations étant désormais harmonisée entre les différentes entreprises, il devrait être plus facile de faire des comparaisons.

La mise en œuvre de ce bulletin simplifié soulève cependant quelques interrogations. En effet, il existe une divergence entre l'arrêté et le décret sur la façon de présenter les cotisations patronales (doit-on - ou non - préciser le taux des cotisations patronales ?) et sur le contenu de certaines lignes de cotisations (allégement de cotisations notamment).

Vous trouverez en annexe 2 un modèle de bulletin de paie de salarié non cadre, et en annexe 3 un modèle de bulletin de paie de salarié cadre.

Sanctions si le bulletin de paie n'est pas conforme

La remise d'un bulletin de paie irrégulier (dont le contenu n'est pas conforme aux dispositions légales) expose l'employeur à des litiges :

- Une amende de 3e classe (450 €). Il y a autant d'amendes que de bulletins de paie irréguliers !
- La possibilité pour le salarié de réclamer des dommages et intérêts.
- Une condamnation par le conseil des prud'hommes à remettre un bulletin de paie conforme (éventuellement sous astreinte).

- Une condamnation pour dissimulation d'emploi salarié lorsque le bulletin de paie mentionne un nombre d'heures de travail inférieur à celui qui a été effectué.

8 - Combien de temps doit-on conserver son bulletin de paie ?

Il est impératif de conserver son bulletin de paie. Celui-ci est la base d'un certain nombre de formalités administratives. Pour un salarié, le délai de conservation préconisé est jusqu'à la date de liquidation de sa pension de retraite.

Document à conserver pour le salarié

Vous retrouvez sur votre bulletin de paie la mention vous incitant à conserver votre bulletin sans limite.

Cette mention vous sensibilise sur l'importance de la conservation du bulletin. En effet, celui-ci est une pièce justificative essentielle pour différentes démarches administratives, notamment en France, où les démarches administratives sont - par tradition - assez lourdes !

Que ce soit pour une demande de dossier de location de logement, la souscription d'un crédit, la justification de vos ressources auprès de différents organismes ou administrations, vous devrez le présenter. Il existe une démarche où la présentation du bulletin paie « original » est requise. Il s'agit de la validation des périodes d'activité dans les dossiers retraite, ou de la reconstitution des carrières, que ce soit pour les régimes de base de Sécurité sociale, les régimes complémentaires ou supplémentaires.

Pour cela, il est plus que conseillé d'aller vérifier de temps en temps son relevé de carrière, et vous assurer que votre relevé est correctement valorisé. Si vous constatez des périodes d'activités manquantes, préparez les pièces justificatives (vos bulletins de paie, et prenez contact avec votre service retraite, la CARSAT (caisse assurance retraite et santé au travail). À noter qu'il est désormais possible de faire une demande de mise à jour de votre relevé de carrière directement sur votre espace personnel du site www.lassuranceretraite.fr

Pour information, toute personne ayant exercé une activité ayant entraîné son affiliation au régime général de Sécurité sociale, peut consulter son relevé de carrière, ainsi que son relevé de situation individuelle qui récapitule la carrière et les droits acquis dans tous les régimes de retraite obligatoires et les régimes complémentaires, sur le site suivant : www.lassuranceretraite.fr

Délai de conservation pour l'employeur

Pour l'employeur, la loi impose de conserver un double (support papier ou par un autre moyen informatique) des bulletins de paie pendant au moins 5 ans, cela en cas de litige avec un salarié, ce délai étant calé sur l'ancien délai de prescription en matière de salaire[8] (cf. question 9 : « Peut-on contester un bulletin de paie ? »)

Le double des bulletins est tenu à disposition d'éventuels contrôleurs extérieurs : inspecteurs et contrôleurs du travail, inspecteurs des affaires sanitaires et sociales, et agents des organismes de Sécurité sociale.

Cependant, de façon pratique, il est exigé de conserver au-delà des cinq ans le double des bulletins de paie de ses salariés - et anciens salariés, notamment lorsqu'un employeur est tenu de produire des attestations pour le compte de ses - anciens - salariés. Le délai de conservation préconisé est calé sur l'espérance de vie du salarié (soit 130 ans à compter de sa naissance !). Les sociétés d'archivage ont de beaux jours devant elles !

9 - Peut-on contester un bulletin de paie ?

Il est toujours possible de contester le contenu du bulletin de paie tant que les délais de prescription ne sont pas dépassés.

Contester un bulletin de paie

Le salarié conserve son droit à contestation du bulletin, l'acceptation du bulletin de paie ne faisant pas obstacle à une réclamation ultérieure.

L'action en paiement des salaires, en cas de non-paiement total ou partiel des rémunérations s'effectue auprès du conseil des prud'hommes.

En cas de réclamation, deux délais de prescription sont à respecter :

- Une prescription triennale (trois ans), mise en œuvre par la loi du 14 juin 2013 (auparavant la prescription en matière de paiement des salaires était de cinq ans). Ce délai de prescription en paiement des salaires définit la période sur laquelle les éléments de rémunération devront être régularisés au salarié.

8. *Article L. 3243-4 du Code du travail*

- Une prescription biennale (deux ans), qui est le délai de la prescription portant sur l'exécution ou la rupture du contrat, et qui définit le délai dans lequel une action doit être mise en œuvre sous peine d'extinction de la demande.

Ainsi, un salarié dont le contrat de travail est rompu dispose d'un délai de deux ans peut intenter une action en paiement des salaires, sa demande portera sur les salaires perçus sur les trois dernières années de son contrat de travail.

Délais de prescription aménagés dans certaines situations

Dans certains cas de figure, ces délais de prescription peuvent être différents.

Dans le cadre d'une rupture conventionnelle homologuée, le salarié dispose d'un délai réduit à douze mois, à compter de l'homologation de la rupture par la DIRECCTE (Direction régionale des entreprises, de la consommation de la concurrence, du travail et de l'emploi), pour contester la convention et ses modalités.

Dans le cas de la signature d'un reçu pour solde de tout compte, il existe un délai de forclusion de six mois, au-delà duquel le salarié ne peut plus contester les éléments mentionnés sur son reçu.

Le délai est réduit à douze mois pour toute contestation portant sur la rupture du contrat suite à l'adhésion au contrat de sécurisation professionnelle, ou en matière de licenciement économique.

Non

10 - Qu'en est-il du prélèvement à la source de l'impôt sur le revenu ?

Inscrit dans la loi par le projet de loi de finances pour 2017, le prélèvement à la source doit intervenir pour l'ensemble des revenus - ou presque ! - à compter du 1er janvier 2018. Le chantier avance donc à grands pas.

Mise en œuvre incontournable

Longtemps évoquée, la réforme du prélèvement est devenue incontournable. L'objectif est d'améliorer la réactivité du calcul de l'impôt sur le revenu (actuellement, nous payons des impôts sur le revenu perçu l'année précédente). Dans le cadre du prélèvement à la source, l'impôt sera calculé directement sur les revenus perçus au cours de l'année en cours (voire au mois le mois). Nous sommes l'un des derniers pays développés qui ne l'a pas encore mis en place (nous partageons cette particularité avec la Suisse et Singapour !).

Du fait de la mise en œuvre de la DSN (déclaration sociale nominative), qui sert de support technique au prélèvement à la source, toutes les conditions sont désormais réunies pour mettre en œuvre cette réforme.

Cette retenue concernerait l'ensemble des éléments de rémunération versés au salarié, y compris l'épargne salariale. Les sommes issues de l'intéressement ou de la participation, dès que le salarié opte pour une disponibilité immédiate seraient concernées par le prélèvement. À noter cependant que l'actionnariat salarié (souscription ou achat d'actions, attribution gratuite d'actions ou bons de souscription de parts de créateur d'entreprise) serait exclu du prélèvement, du fait de la multiplicité des règles applicables en matière fiscale.

Bien que cette réforme cible les salariés, d'autres catégories de revenus seront également concernées par le prélèvement :

- les pensions ;
- les revenus de remplacement (indemnisation chômage, ou indemnités journalières maladie, maternité et accident) ;
- les revenus des travailleurs indépendants ;
- les revenus fonciers.

Tableau récapitulatif des obligations[9]

Obligations	Responsabilité	
	Employeur	**Employeur**
Déclaration nominative des salaires	Envoi DSN mensuelle	
Calcul et communication du taux de retenue à la source		Fichier retour DSN Concerne les contribuables identifiés préalablement d'après la DSN nominative
Application de la retenue à la source	Application de la retenue en fonction du taux fixé par l'administration En l'absence de taux, application d'un taux par défaut « taux neutre »	
Versement de la retenue	Communique via la DSN le montant retenu, établit par ailleurs l'ordre de paiement correspondant	Prélève le montant retenu sur le compte bancaire désigné par l'employeur

9. Tableau extrait du feuillet rapide social n° 22 du 7 octobre 2016, Éditions Francis Lefebvre.

La question de l'année de transition

En cas de passage au prélèvement à la source en 2018, se pose la question des revenus perçus sur l'année fiscale de transition, à savoir 2017.

En effet, sur 2017, les impôts seront calculés sur les revenus perçus en 2016, en 2018, les impôts seront perçus « à la source », sur les revenus perçus en 2018. Dans ce cas, les revenus perçus sur l'exercice 2017 échappent à l'impôt sur le revenu.

L'administration pose les principes suivants pour limiter les stratégies d'optimisation qui pourraient être mises en place :

- Il n'y aura pas de double imposition en 2018 sur les salaires, les retraites, les revenus de remplacement, les revenus des indépendants et les revenus fonciers récurrents. L'impôt normalement dû au titre des revenus non exceptionnels perçus en 2017 sera annulé.
- Les revenus exceptionnels par nature ainsi que les autres revenus exclus du champ de la réforme perçus en 2017, par exemple les plus-values mobilières et immobilières, resteront imposés en 2018 selon les modalités habituelles. Enfin, afin d'éviter les abus, la loi prévoira des dispositions particulières pour que les contribuables qui sont en capacité de le faire ne puissent pas majorer artificiellement leurs revenus de l'année 2017.
- Parallèlement, le bénéfice des réductions et des crédits d'impôt acquis au titre de 2017 sera maintenu. Ceux-ci seront versés au moment du solde de l'impôt à la fin de l'été 2018.

Calendrier de mise en œuvre

En pratique, le prélèvement à la source devrait être mis en place avec le calendrier suivant[10].

Octobre 2017

L'administration devrait communiquer à l'employeur le taux de prélèvement applicable à compter du 1er janvier 2018 pour chaque salarié.

Ce taux sera calculé en fonction des revenus perçus sur 2016, qui auront été communiqués à l'administration pour le 1er semestre 2017.

Le salarié sera préalablement informé de son taux. Il a la possibilité d'opter pour un taux neutre, ou de demander une modification du taux

10. *Source : point d'étape sur le prélèvement à la source, ministère des Finances juillet 2016.*

au sein de son foyer fiscal, s'il y a une disparité de revenu entre les personnes composant le foyer.

Dans certaines situations l'employeur ne sera pas informé du taux de prélèvement de ses salariés : personnes en début d'activité ou auparavant rattachées au foyer fiscal des parents, nouveaux salariés.

Dans ce cas, le taux neutre sera également à utiliser par l'employeur.

Le taux de prélèvement serait couvert par le secret professionnel et sa divulgation et son utilisation à d'autres fins que l'établissement de la retenue à la source seraient sanctionnées par les peines d'amende et d'emprisonnement prévues à l'article 226-21 du Code pénal (5 ans d'emprisonnement et 300 000 € d'amende).

En 2018

À compter de janvier, l'impôt est automatiquement déduit du montant du salaire net imposable.

Les salariés effectueront leur déclaration de revenus de 2017 au 1er semestre 2018. Le taux de prélèvement mis en œuvre en janvier sera ajusté à compter de septembre pour tenir compte de la situation 2017 (le taux initial de janvier est établi en fonction de la situation 2016).

En 2019

Les contribuables effectueront leur déclaration de revenus 2018, permettant de prendre en compte les éléments non intégrés dans le calcul du prélèvement (crédit d'impôt, déductions diverses, revenus non pris en compte par le prélèvement).

Si le total des sommes prélevées est supérieur à l'impôt dû, une restitution serait opérée en août.

Sinon (le total des sommes prélevées n'est pas suffisant), le solde dû devra être payé sur les quatre derniers mois de l'année.

L'essentiel

- Tous les salariés mensualisés doivent percevoir un bulletin de paie, au moins une fois par mois.
- La remise de ce bulletin est encadrée par la loi. Depuis 2009, il est possible de remettre le bulletin de paie sous format électronique. Le salarié conserve cependant la possibilité de refuser la remise de son bulletin sous format électronique, dans ce cas le bulletin de paie est remis sur support papier.
- Le libellé des lignes de cotisations est modifié au 1er janvier 2017 pour les entreprises d'au moins 300 salariés (1er janvier 2018 pour les autres entreprises).
- Des évolutions importantes, sont à nouveau prévues pour 2018, pour le bulletin de paie, avec la mise en œuvre du prélèvement à la source de l'impôt sur le revenu.

2e partie

LES DIFFÉRENTES ZONES DU BULLETIN DE PAIE

Chapitre 1

Identité de parties (vous, votre employeur)

11 - Quelles sont les informations servant à identifier un employeur ?

Outre des informations administratives, différents codes servent à identifier un employeur : code NAF et SIREN.

Parmi les mentions obligatoires servant à identifier un employeur, on note :

- le nom de l'employeur ;
- le nom de l'établissement, le cas échéant ;
- l'adresse.

Le numéro de SIRET, bien qu'indispensable pour tout acte de gestion et déclaration administrative, n'est pas obligatoire sur le bulletin de paie. À compter de 2017, le numéro SIREN devient lui obligatoire.

Le code NAF est par contre obligatoire. Ce code NAF (nomenclature d'activités française), attribué par l'INSEE, caractérise l'activité principale d'une structure, cela en référence à la nomenclature des activités (l'appellation de code APE (activité principale exercée est également parfois utilisée, il s'agit de 2 appellations différentes pour un code identique !). Ce code NAF, composé de 5 caractères (quatre chiffres et une lettre), cela depuis 2008, a une grande importance pour l'employeur. En effet, ce code APE permet de déterminer le champ d'application des conventions et accords collectifs. Attention aux erreurs d'imputation de code APE, ou d'évolution du code APE lors de la vie d'une entreprise.

Suppression de la mention de l'organisme de Sécurité sociale

Devaient également figurer, à titre obligatoire, les références de l'organisme de Sécurité sociale auprès duquel l'employeur paye ses cotisations : nom de l'organisme (dans le cas général : l'URSSAF), son adresse et le numéro de cotisant, ce qui permet au salarié de vérifier qu'il est bien déclaré auprès de cet organisme. Le décret du 25 février 2016, de clarification du bulletin de paie, supprime au 1er janvier 2017 pour les employeurs d'au moins 300 salariés cette référence à l'organisme de Sécurité sociale, pour les autres employeurs, ces dispositions rentreront en vigueur le 1er janvier 2018 (bien qu'il soit possible, dès le 1er mars 2016, de remettre aux salariés un bulletin de paie qui soit conforme à ces nouvelles dispositions !).

12 - La mention de la convention collective est-elle obligatoire ?

Le Code du travail impose de faire référence à la convention collective applicable, ou à défaut aux articles du Code du travail relatifs aux congés payés et au préavis.

Déterminer la convention collective applicable

La détermination de la convention collective applicable peut se révéler complexe :

- une convention collective définit le champ d'application géographique et professionnel. Si la convention est étendue, son application sera obligatoire pour tous les établissements situés dans ce champ d'application.

Pour déterminer le champ d'application professionnel, il faut se baser sur l'activité principale exercée (APE). Le code APE ou NAF délivré par l'INSEE ne constitue qu'une simple présomption d'activité principale réellement exercée. En effet, il peut y avoir eu une erreur d'attribution de code APE lors de la création de la structure, ou l'activité principale peut avoir évolué au fil du temps. Dans ce cas, il faudra mettre à jour ce code APE et déterminer la convention collective qui correspond réellement à l'activité de la structure.

Que se passe-t-il en cas d'établissements ayant des activités différentes ?

Par ailleurs, une entreprise peut être constituée de différents établissements ayant chacun des activités différentes : faut-il déclencher une seule convention collective correspondant à l'activité principale de l'entreprise, ou faut-il raisonner établissement par établissement et déclencher différentes conventions collectives correspondant aux activités des établissements ?

La jurisprudence demande de raisonner par établissement, si tant est que ceux-ci ont une activité autonome ou une personnalité juridique distincte. La notion d'autonomie se caractérise notamment par un lieu distinct d'exercice de l'activité, avec du personnel et des clients qui lui sont propres.

Enfin, une entreprise peut être amenée à appliquer plusieurs conventions collectives (dans ce cas, l'ensemble des conventions applicables devront être précisées sur le bulletin).

En cas de convention collective non étendue

Si la convention collective n'est pas étendue, seuls les signataires des textes, ou les membres ou adhérents à des organisations ou groupements signataires, sont tenus obligatoirement d'appliquer la convention collective (il s'agit de l'adhésion de l'employeur à un syndicat patronal signataire de l'accord).

Mention de la convention collective sur le bulletin de paie

Situation	Mention sur le bulletin et application de la convention
L'entreprise ou l'établissement sont dans le champ d'application géographique et professionnel d'une convention étendue	Application obligatoire de la convention collective
L'entreprise ou l'établissement ne sont pas dans le champ d'application géographique et professionnel d'une convention étendue	Application volontaire de la convention collective Mention de la convention sur le bulletin de paie
L'entreprise ou l'établissement ne sont pas dans le champ d'application géographique et professionnel de convention	Absence de convention collective (1)

(1) Mentionner sur le bulletin : articles du Code du travail relatifs à la durée des congés payés (L3141-3, L3141-11, L3141-19) et à la durée du préavis (L1234-1, L1234-2, L1237-1, L1237-6, L1237-10)

13 - Que se passe-t-il si la convention collective mentionnée sur le bulletin de paie n'est pas la bonne ?

La mention d'une convention collective erronée sur un bulletin de paie vaut reconnaissance de son application volontaire par l'employeur, et donc application des avantages prévus par la convention collective.

Évolution de jurisprudence

La jurisprudence a cependant évolué sur ce point. Depuis un arrêt du 15 novembre 2007, la Cour de cassation considère qu'il s'agit d'une présomption simple. Ainsi, dans ce cas, si l'employeur peut prouver qu'il s'agit d'une erreur, en apportant les éléments de preuve suffisants, cette présomption pourra être levée, et renoncer ainsi à cette application volontaire.

À défaut, il y a application volontaire, ce qui signifie un cumul des avantages conventionnels à déclencher pour le salarié : tous les avantages découlant de la convention mentionnée sur le bulletin doivent être déclenchés. Les avantages découlant de la convention collective étendue correspondant à l'activité principale exercée par l'entreprise doivent également être pris en compte si ceux-ci sont plus favorables.

14 - Le numéro de Sécurité sociale du salarié est-il obligatoire ?

Non, le numéro de Sécurité sociale, dont l'appellation officielle est le NIR : numéro d'inscription au répertoire, est une mention facultative.

Numéro incontournable pour le salarié

Il faut souligner l'importance de ce numéro pour l'employeur et le salarié.

Pour le salarié, le numéro de Sécurité sociale, qui constitue un identifiant stable, conçu pour rester - en principe[11] - immuable tout au long de la vie, était attribué obligatoirement à toute personne née en France lors du premier emploi, en terminale pour les lycéens, ou au plus tard à 20 ans. Depuis 2010, le numéro est attribué dès la naissance. Pour les

11. Les modifications de numéro de Sécurité sociale restent exceptionnelles. En 1997, les Français nés avant 1963 dans les anciens départements français d'Algérie ont pu demander la modification du codage 99 pour l'attribution d'un numéro de département français.
De même, les transsexuels peuvent faire changer leur code sexe.

personnes nées à l'étranger, une demande d'immatriculation sera à effectuer.

Le numéro de Sécurité sociale est indispensable pour une affiliation correcte aux organismes sociaux afin de bénéficier des prestations d'assurance maladie ou vieillesse (validation des périodes d'activité sur son relevé de carrière).

Numéro incontournable également pour l'employeur

Pour l'employeur, dans ses déclarations nominatives (DADS ou DSN), la présence d'un numéro de Sécurité sociale conforme est également essentielle. Un seul numéro non conforme étant une anomalie bloquante pour la DADS (déclaration annuelle des données sociales). Les numéros incomplets (code sexe + compléter les 12 autres caractères par des « 9 ») étant tolérés à hauteur de 20 % des salariés déclarés. En version DSN, les contrôles sont plus stricts, les numéros techniques temporaires (NTT) (code sexe + SIREN de l'entreprise + n° matricule) qui se substituent au numéro incomplet, ne sont désormais tolérés que pour une durée maximale de trois mois.

Structure du N° de Sécurité sociale

NIR – Numéro d'inscription au répertoire						Clé
1	80	10	29	100	XXX	70
Code sexe 1 : hommes 2 : femmes 3, 4, 7 ou 8 : N° provisoire	Année de naissance	Mois de naissance	Département (1)	Commune ou pays naissance	N° d'ordre	Clé

(1)
- En cas de naissance en métropole, code 2A et 2B pour la Corse depuis 1976
- En cas de naissance en outremer : code département sur 3 chiffres et commune sur 2 chiffres
- En cas de naissance hors de France : code 99 + identifiant du pays de naissance sur 3 caractères

15 - Quel nom de famille mentionner (nom d'usage, marital, patronymique) ?

Il existe différents noms pouvant être utilisés pour identifier un salarié : nom de famille, nom d'usage, nom patronymique, nom marital. Parmi ces différents noms, le seul qui soit pris en compte est le nom de famille, qui devra donc être mentionné sur le bulletin de paie.

Caractère prégnant du nom de famille

Le nom de famille est celui qui a été attribué à la naissance, il est également appelé le nom patronymique ou nom de naissance. Étymologiquement, le patronyme signifie le nom du père. Même si le nom patronymique n'est plus obligatoirement le nom du père. Les parents peuvent attribuer pour nom de famille à leurs enfants (lois des 4 mars 2002 et 18 juin 2003) :

- le nom du père ;
- le nom de la mère ;
- ou bien un nom composé du nom du père et de la mère.

Cette loi du 4 mars 2002 a également remplacé le terme « nom patronymique » par le terme « nom de famille » dans les documents officiels.

En paie, ce nom de famille doit être obligatoirement complété dans le dossier du salarié, cela afin de pouvoir effectuer les déclarations sociales (la DADS ou la DSN).

Caractère optionnel du nom d'usage

Le nom d'usage peut être utilisé à la demande d'une personne, en remplacement de son nom patronymique. Il existe 2 types de nom d'usage : le nom des parents et le nom du conjoint.

L'utilisation d'un nom d'usage, ou d'un nom marital est possible pour les femmes mariées, mais celui-ci ne peut venir qu'en complément du nom de famille. Il ne supprime pas le nom de famille. Cette possibilité d'utiliser un nom d'usage n'est accordée que pour les couples mariés, elle n'est pas possible pour les couples pacsés ou les concubins.

Le nom d'usage peut être mentionné sur les bulletins de paie, mais le nom de famille devra obligatoirement être intégré dans les déclarations.

L'essentiel

- Le contenu du bulletin de paie est encadré par la loi, qui fixe une liste de mentions devant obligatoirement apparaître sur le bulletin de paie.
- Parmi ces mentions, figure la référence à la convention collective applicable. Cette mention engage l'employeur sur le déclenchement des avantages collectifs.
- Même si le numéro de Sécurité sociale est impératif en terme de gestion, sa présence, sur le bulletin de paie, a un caractère facultatif.

Chapitre 2

Éléments de rémunération

16 - Comment est fixé un salaire de base ?

L'employeur et le salarié peuvent négocier un montant de salaire de base qui leur semble adéquat. Des contraintes sont cependant à prendre en compte.

Liberté encadrée par la loi

La fixation du salaire relève du pouvoir de direction de l'employeur, de la négociation entre le salarié et l'employeur et de différents paramètres à prendre en compte dans cette négociation : les compétences du salarié sont-elles faciles à trouver sur le marché du travail ? quelle est l'urgence du recrutement ? quelles sont les connaissances des spécificités de l'entreprise et de son secteur par le salarié ?

Cependant, cette liberté des parties dans la fixation du salaire de base est encadrée par un certain nombre de règles.

Le schéma en page suivante récapitule les différentes règles à prendre en compte.

Fixation du salaire de base

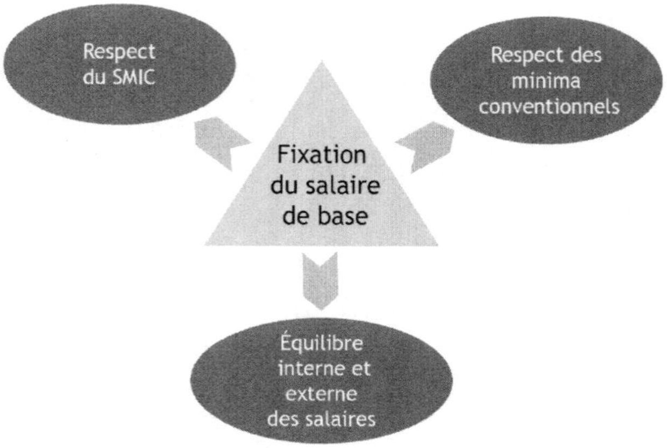

Les contraintes à prendre en compte :

- le respect du SMIC : cette question est abordée dans la question 17 ;
- le respect des minima conventionnels : les conventions collectives fixent des minima de rémunération. Les éléments de rémunération (salaire de base, primes, gratifications...) qui sont à prendre en compte pour vérifier le respect de ces minima, sont précisés par les conventions collectives. Les règles appliquées pour le SMIC ne sont pas forcément transposables à celles appliquées pour les minima conventionnels ;
- l'équilibre interne et externe des salaires.

L'équilibre interne consiste à attribuer à deux salariés de l'entreprise qui effectuent un travail identique, un montant de rémunération qui soit équivalent.

L'article L. 3221-2 du Code du travail pose le principe « à travail égal, salaire égal ». Ce principe qui est à l'origine de beaucoup de contentieux, signifie que l'employeur doit être à même de justifier des écarts de rémunération entre deux salariés effectuant un travail identique. L'employeur doit s'appuyer sur des critères objectifs pour justifier les écarts de rémunération. Les tribunaux ont précisé par toute une série de décisions, les critères qui peuvent être retenus. Il s'agit essentiellement de critères ayant trait à :

- la qualité du travail ;
- les circonstances de l'embauche ;
- la qualification du salarié ;

- la compétence ;
- la responsabilité.

Tout le problème était de trouver les critères objectifs et vérifiables pour illustrer ces domaines !

Dernière contrainte, l'équilibre externe des salaires. Il s'agit ici d'un impératif de gestion. Les salariés se positionnent sur un bassin d'emploi. Si le niveau de rémunération proposé dans l'entreprise n'est pas en phase, avec les pratiques des entreprises situées dans ce bassin d'emploi, cela risque de générer des perturbations !

17 - Comment vérifier le respect du SMIC ?

Parmi ces règles de fixation du salaire, on a noté le principe du respect du SMIC. Ainsi tout salarié, âgé d'au moins 18 ans, doit percevoir un salaire au moins égal au taux horaire du SMIC multiplié par le nombre d'heures rémunérées (151 h 67 pour un salarié mensualisé sur une base temps plein, cf. question 18).

Quelques exceptions sont à noter pour le respect du SMIC

Il s'agit essentiellement des jeunes de moins de 18 ans. Un abattement de 20 % sur le montant du SMIC peut être pratiqué pour les jeunes de moins de 17 ans, et un abattement de 10 % pour ceux de 17 ans[12].

Cet abattement ne peut pas être pratiqué pour les jeunes ayant six mois de pratique professionnelle dans la branche d'activité.

Autre exception : les apprentis et contrats de professionnalisation de moins de 26 ans, pour lesquels un abattement sur le montant du SMIC peut être pratiqué (cf. questions 21 et 22).

Éléments de rémunération à prendre en compte

Les choses se compliquent car ce n'est pas parce qu'un salarié perçoit un salaire brut supérieur au SMIC mensuel que le SMIC sera respecté, en effet, tous les éléments de rémunération ne sont pas à prendre en compte pour vérifier le respect du SMIC.

12. Article D. 3231-3 du Code du travail.

Éléments à prendre en compte	Éléments à exclure
Salaire de base et accessoires Primes représentant la contrepartie d'un travail effectif Heures supplémentaires, heures de nuit, heures fériées	Primes exceptionnelles Primes liées aux conditions de travail Prime d'ancienneté Prime d'assiduité Majoration des heures supplémentaires, de nuit et fériées Prime à caractère annuel : prise en compte le mois du versement, pas de compensation d'un mois sur l'autre Sommes n'ayant pas le caractère de salaire : remboursement de frais, participation, intéressement...

Un salarié, M. Plum, perçoit les éléments de rémunération suivants, pour un travail à temps complet mensualisé :

Salaire de base : 1 400 €

Prime de travaux pénibles (liée aux conditions de travail) : 200 €

Prime d'ancienneté : 50 €

Total brut : 1 650 €

SMIC à prendre en compte : 151,67 x 9,76 = 1 480,30 € (en vigueur en 2017).

Éléments de rémunération à prendre en compte : 1 400 €. La prime de travaux pénibles (liée aux conditions de travail) et la prime d'ancienneté ne sont pas à prendre en compte pour le respect du SMIC.

Complément SMIC à déclencher : 1 480,30 - 1 400 = 80,30 €.

Structure de rémunération :

Salaire de base : 1 400 €

Prime de travaux pénibles : 200 €

Prime d'ancienneté : 50 €

Complément SMIC : 80,30 €

Total brut : 1 730,30 €

18 - Pourquoi suis-je payé sur une base de 151,67 heures ?

En vertu de la loi de mensualisation, si vous ne rentrez pas dans un des quatre cas particuliers évoqués dans la question 2, vous devez être mensualisé.

La mensualisation implique de payer le salarié sur un horaire mensuel moyen, indépendant du nombre d'heures réellement effectuées au cours du mois.

Déterminer sa base de mensualisation

Horaire hebdomadaire * Nombre de semaines par an / Nombre de mois par an = Base de mensualisation

35 H * 52 / 12 = 151H67

La base de mensualisation dépend de l'horaire hebdomadaire du salarié

L'employeur n'a pas l'obligation de fixer un horaire collectif temps plein sur une base de 35 heures, correspondant à la durée légale. La fixation de l'horaire collectif fait partie du pouvoir de direction de l'employeur, cet horaire peut être supérieur ou inférieur à 35 heures par semaine.

L'horaire collectif peut être, par exemple, de 37 heures par semaine. Dans ce cas un forfait d'heures supplémentaires mensuel de 2 heures supplémentaires x 52/12, soit 8,67 heures par mois sera à payer au salarié, en plus de sa base de mensualisation de 151,67 heures.

Cependant, si un système d'aménagement du temps de travail prévoit une récupération de ces deux heures supplémentaires hebdomadaires, en accordant un certain nombre de jours de repos (les fameux JRTT - jours de réduction du temps de travail) à prendre en compensation sur l'année, les deux heures supplémentaires étant compensées sous forme de repos, elles ne seront pas à payer au salarié.

Cet horaire peut être inférieur à 35 heures, exemple 34 heures et 12 minutes, ce qui exprimé en centièmes[13] équivaut à un horaire de 34,20 heures et donc en mensuel : 34,2 x 52/12 = 148,20 heures.

13. *Il est impératif de comptabiliser les heures à payer en centièmes et non en minutes pour les intégrer en paie.*

19 - Peut-on être payé au rendement ?

Il est possible de fixer une partie, voire la totalité de la rémunération en fonction d'objectifs de productivité ou de performance à caractère individuel et/ou collectif.

Pratique courante dans certaines professions

Cette pratique est courante pour certaines professions : les commerciaux, les cadres, les travailleurs saisonniers payés au kilo de fraises récolté...

Le respect du SMIC est cependant à vérifier

Cependant, même si le salarié est payé au rendement, cela ne dispense pas l'employeur, de vérifier le respect de la législation sur le SMIC. Ainsi, dans tous les cas, le salaire brut versé au salarié devra être supérieur au montant du SMIC multiplié par le nombre d'heures de travail effectuées, nombre d'heures qui devra pouvoir être vérifié, le cas échéant.

Ainsi, si le fixe versé au salarié est inférieur au SMIC mensuel, dans tous les cas de figure, un complément SMC devra être versé au salarié, cela afin de lui garantir une rémunération mensuelle minimale légale. On peut donc s'interroger sur l'intérêt, dans ce cas, de fixer une prime de performance, qui de toute façon sera couverte par le complément SMIC. Par ailleurs, en termes de politique de rémunération, par rapport au caractère alimentaire du salaire, une des finalités premières du salaire étant de fournir au salarié les moyens de sa subsistance (se loger, se nourrir...), il est conseillé de mettre en place ces primes de rendement, au-delà du montant de rémunération correspondant à ce minimum vital permettant au salarié de satisfaire à ses moyens de subsistance.

20 - Puis-je percevoir un salaire forfaitaire qui inclut les heures supplémentaires ?

Il est tout à fait possible de percevoir un salaire forfaitaire incluant un forfait d'heures supplémentaires. Même si la durée légale est de 35 heures hebdomadaires, rien n'interdit de fixer une durée de travail supérieure aux 35 heures.

Paiement forfaitaire d'heures supplémentaires

En cas d'horaire de travail supérieur à 35 heures par semaine, il convient de forfaitiser un paiement d'heures supplémentaires. Ces heures étant intégrées dans le contrat de travail, deviennent donc « contractuelles » : le paiement des heures supplémentaires devient obligatoire, et toute modification, quant au nombre d'heures supplémentaires est soumis à l'accord préalable du salarié.

Ces conventions de forfait, qui prévoient un paiement forfaitaire d'heures supplémentaires, doivent respecter différentes conditions pour être valables, il faut un accord des parties, qui prévoit de façon explicite le volume d'heures supplémentaires payées.

Mention obligatoire sur le bulletin de paie

Ces heures supplémentaires doivent apparaître de façon détaillée sur le bulletin de paie (on ne peut pas l'intégrer directement dans le salaire de base du salarié, ce qui permet de vérifier que la législation sur les heures supplémentaires est respectée (paiement avec un taux horaire majoré de 25 % pour les huit premières effectuées à la semaine, puis majoration à 50 % au-delà, volume maximal d'heures supplémentaires autorisées, imputation sur le contingent annuel - cf. Question 99).

Enfin, ces heures supplémentaires étant forfaitisées, on déclenche un paiement mensuel systématique.

Ainsi, un salarié ayant un contrat de travail de 38 heures hebdomadaires aura un paiement d'heures supplémentaires de 13 heures mensuelles (3 x 52/12) - cf. question 18, un salarié ayant un contrat de 39 heures aura un forfait d'heures supplémentaires de 17 h 33 (4 x 52/12).

L'horaire de référence contractuel du salarié n'est pas forcément hebdomadaire, il peut être mensuel ou annuel. Dans ces situations, les heures supplémentaires se déclencheront au-delà des 151 h 67 mensuelles ou des 1 607 heures annuelles.

21 - Quelle doit être la rémunération versée à un apprenti ?

La loi fixe des modalités particulières pour la rémunération des apprentis. Un salaire minimal, fixé en pourcentage du SMIC, ou du minimal conventionnel, s'il est plus favorable pour les apprentis de 21 ans et plus.

Salaire minimal des apprentis

Année du contrat	Moins de 18 ans	De 18 à 20 ans	21 ans et plus
1re année	25 %	41%	53 %
2e année	37 %	49 %	61 %
3e année	53 %	65 %	78 %

Ces pourcentages de SMIC ou de minima conventionnels constituent un minimum légal, certaines branches professionnelles ont prévu des grilles plus avantageuses, certaines écoles peuvent également préconiser des grilles spécifiques, de même un employeur peut décider d'appliquer sa propre grille (à partir du moment où elle plus favorable pour l'apprenti). Cependant, même si la rémunération de l'apprenti est plus favorable que le minimum légal, sa base de cotisations, qui est une base forfaitaire, reste calculée sur la base du minimum légal diminué de 11 points.

Un apprenti, en première année d'apprentissage, âgé de 20 ans, est rémunéré sur la base de 70 % du SMIC au lieu du minimum légal de 41 % du SMIC.

Sa base forfaitaire de cotisations reste calculée sur la base de 41 % moins 11, soit 30 % du SMIC.

L'apprenti bénéficie également d'exonération de charges sociales et fiscales (cf. question 72).

Pour les apprentis effectuant une formation complémentaire, la durée du contrat initial est prise en compte pour déterminer la rémunération minimale à leur attribuer.

Salaire minimal des apprentis - formation complémentaire

Durée du contrat d'apprentissage initial	Moins de 18 ans	De 18 à 20 ans	21 ans et plus
1 an	40 %	56 %	68 %
2 ans	52 %	64 %	76 %
3 ans	68 %	80 %	96 %

22 - Quelle rémunération pour un contrat de professionnalisation ?

Comme l'apprenti, le salarié en contrat de professionnalisation bénéficie d'une structure de rémunération spécifique.

Rémunération minimale fixée par la loi

Le Code du travail, prévoit des montants minima de rémunération, en fonction de l'année d'exécution du contrat, et du niveau de formation initiale du salarié.

Ces éléments sont présentés dans le tableau ci-dessous.

Salaire minimal des contrats de professionnalisation

Âge du salarié	Niveau diplôme Inf bac	Niveau diplôme Sup au bac
Moins de 21 ans	55 %	65 %
De 21 ans à moins de 26 ans	70 %	80 %
26 ans et plus	100 % du SMIC ou 85 % minimum conventionnel	100 % du SMIC ou 85 % minimum conventionnel

Ils peuvent bénéficier d'exonération de charges patronales dans certains cas (cf. question 73).

23 - Doit-on verser un salaire à un stagiaire ?

Les stagiaires ne sont pas des salariés à proprement parler. Ils sont titulaires d'une convention de stage, et non d'un contrat de travail, ce qui fait que les dispositions du Code du travail leur sont inapplicables. Ainsi, un stagiaire ne perçoit pas de salaire, mais une gratification. De la même façon, un stagiaire ne bénéficie pas de droit à congés payés, d'indemnité de rupture, ou de majoration des heures supplémentaires.

Distinction entre le stagiaire et le salarié

La différence fondamentale du stage par rapport au contrat de travail réside dans les missions attribuées au stagiaire. Un stagiaire n'est pas censé contribuer à l'activité normale de l'entreprise en occupant un poste qui aurait pu être occupé par un salarié, sinon il s'agit de travail dissimulé pouvant entraîner la requalification du stage en contrat de travail.

De même, n'étant pas salarié le stagiaire ne perçoit pas un salaire, mais une gratification. Pour réglementer le recours aux stagiaires, de nombreuses lois se sont succédé ces dernières années. La dernière d'entre elles, la loi du 10 juillet 2014 relative à l'encadrement des stages impose de payer une gratification pour tous les stages d'une durée supérieure à deux mois, à savoir à partir de 309 heures de stage (2 mois de 22 jours à raison de 7 heures par jour, soit un global de 308 heures).

Calcul de la gratification de stage à verser

À compter de ce nombre d'heures, le stagiaire perçoit une gratification minimale de 15 % du plafond horaire de la Sécurité sociale (3,60 € par heure pour 2017). Cette gratification minimale horaire se déclenche pour chaque heure réelle de stage, les stagiaires n'étant pas salariés, ils ne bénéficient pas de la mensualisation.

Il faut donc décompter les heures réelles de chaque mois de stage, pour un mois de 21 jours, si le stagiaire est présent 7 heures par jour, il faut lui rémunérer 147 heures de stage. Il est possible de faire varier la gratification chaque mois, en fonction des heures réelles, ou de faire un lissage (pour éviter de faire varier la gratification d'un mois sur l'autre) :

- Mois 1 : 147 heures.
- Mois 2 : 154 heures.
- Mois 3 : 140 heures.
- Total : 441 heures.
- Heures lissées : 441/3 = 147 heures lissées chaque mois de stage.

L'employeur et le stagiaire peuvent décider d'un montant de gratification supérieur à la gratification minimale, dans ce cas, la gratification minimale est aussi une franchise de cotisations pour l'URSSAF. Ainsi, le montant de la gratification dépassant la franchise sera soumis à cotisations URSSAF (mais pas les autres cotisations : retraite complémentaire, chômage et prévoyance).

Un stagiaire effectue au cours d'un mois 147 heures réelles de stage.

Sa gratification est de 6 € de l'heure.

Montant de la gratification brute : 147 x 6 = 882 €

Franchise de cotisations : 147 x 3,60 = 529,20 €

Base des cotisations URSSAF : 882 - 529,20 = 352,80 €

Seules les cotisations URSSAF salariales, y compris la CSG et la CRDS et patronales seront à déclencher sur cet excédent de 352,80 €.

L'essentiel

- La fixation du salaire est encadrée par différentes règles. Parmi celles-ci, l'employeur est tenu de respecter le SMIC, fixant une rémunération horaire minimale.
- Pour déterminer le nombre d'heures à payer au salarié, on se base sur un nombre d'heures moyen, calculé selon la loi de mensualisation.
- La base de mensualisation pour un horaire hebdomadaire de 35 heures est de 151,67 heures pour le mois.
- Des spécificités sont à noter pour la rémunération des apprentis et des salariés en contrat de professionnalisation.

Chapitre 3

Les primes et indemnités

24 - Quelles sont les primes soumises à cotisations ?

L'article L. 242-1 du Code de la Sécurité sociale définit la base de calcul des cotisations de Sécurité sociale.

Extrait de l'article L. 242-1 du Code de la Sécurité sociale « sont considérés comme des rémunérations, toutes les sommes versées au salarié en contrepartie ou à l'occasion du travail ».

Principe général et exceptions

Ainsi, dès qu'un employeur verse une somme, quelle que soit cette somme, à un salarié, cette somme devrait être soumise à cotisations de Sécurité sociale.

Ce principe général connaît, cependant, quelques exceptions. Parmi ces exceptions, on peut citer :

Les sommes ayant le caractère de remboursement de frais (s'il s'agit effectivement de frais justifiés et justifiables aux yeux d'un éventuel contrôleur !).

Les sommes ayant le caractère de dommages et intérêts, essentiellement dans le cadre d'une rupture de contrat : indemnité de licenciement (cf. questions 30 et 31), indemnité de rupture conventionnelle homologuée (cf. question 32), indemnité transactionnelle. Il existe cependant des plafonds d'exonération à respecter pour bénéficier des exonérations.

Les sommes exonérées en vertu de dispositions légales : sommes versées dans le cadre de l'épargne salariale (cf. questions 91 et 92) et les revenus de remplacement : l'indemnité journalière de Sécurité sociale (cf. question 78) ou l'allocation d'activité partielle.

Principe d'alignement des assiettes

Ces règles définies par la Sécurité sociale pour ses cotisations ont été reprises par Pôle emploi et les caisses de retraite complémentaire ARRCO/AGIRC, qui se sont alignées sur les règles posées par la Sécurité sociale (principe d'alignement des assiettes), cela simplifie - pour une fois - les règles de calcul ! À noter, que ce principe d'alignement des assiettes n'est pas forcément suivi par les organismes de prévoyance et mutuelles, ou par les caisses de retraite supplémentaire. Dans ces cas, ce sont les contrats négociés avec l'employeur qui fixent les bases de calcul des cotisations qui sont à payer à ces organismes.

25 - Quelle est la différence entre une prime et une indemnité ?

Les libellés des lignes du bulletin sont très variables entre les différentes entreprises. Il existe une grande diversité. Plus que le libellé, il importe de vérifier les modalités concrètes de calcul de chaque élément en paie.

Absence de normalisation des lignes du bulletin de paie

Il n'y a pas de normalisation des rubriques de primes et indemnités que l'on retrouve sur un bulletin de paie, contrairement aux rubriques des cotisations, où avec le nouveau bulletin clarifié de 2017, une normalisation des libellés des rubriques de cotisations est désormais mise en œuvre.

Il n'y a pas de distinction officielle entre une prime et une indemnité. Généralement, une prime renvoie à un avantage qui a été négocié par accord collectif au niveau de l'entreprise ou la branche, alors que l'indemnité est souvent d'origine légale. Mais, il y a des contre-exemples !

Le libellé d'une rubrique de primes ou indemnité sur un bulletin de paie est finalement peu important, ce qui importe, ce sont les modalités de calcul et de versement de l'élément en question.

Cas des primes exceptionnelles

Ainsi, ce n'est pas parce qu'une prime est qualifiée d'exceptionnelle sur un bulletin de paie, qu'elle sera à considérer comme une prime exceptionnelle. Dès qu'une régularité apparaît dans le calcul ou le versement de la prime, celle-ci ne sera plus exceptionnelle, il faudra alors l'intégrer dans les salaires de référence pour un certain nombre de droits. Cette régularité est vite caractérisée : dès qu'un élément est attribué plus de deux fois, une régularité apparaît !

26 - La prime d'ancienneté est-elle obligatoire ?

La prime d'ancienneté n'est pas d'origine légale, elle est présente dans certaines conventions collectives ou accords d'entreprises. Aussi, elle n'est obligatoire, que si le salarié a la chance de se trouver couvert par une convention collective ou accord d'entreprise prévoyant cette prime d'ancienneté.

Présence prévue par certaines conventions collectives

Un certain nombre de conventions collectives ou d'entreprises remettent en cause ces primes d'ancienneté. Dans ce cas, le montant des primes d'ancienneté attribué aux salariés est gelé à la date d'entrée en vigueur de la négociation. Les salariés bénéficiaires d'une prime d'ancienneté voient la prime gelée au niveau actuel, le montant n'évoluera plus en fonction de l'acquisition d'ancienneté complémentaire, comme cela était le cas auparavant. Les salariés n'étant pas bénéficiaires de la prime d'ancienneté lors de l'entrée en vigueur de l'accord, ne la verront jamais apparaître. Le montant gelé de la prime d'ancienneté peut être intégré dans le salaire de base du salarié, apparaître pour un montant fixe séparé avec un éventuel rattrapage du montant par les futures augmentations collectives de salaire. Tout cela est déterminé par l'accord collectif.

L'essentiel

- Il existe une multitude de primes versées aux salariés.
- Certaines primes et indemnités sont soumises à cotisations, d'autres sont exonérées. Seuls quelques éléments de rémunération particuliers peuvent bénéficier d'une exonération.
- Certains salariés peuvent percevoir une prime d'ancienneté, mais celle-ci n'a aucun caractère obligatoire.

Chapitre 4

Bulletin de paie et départ de l'entreprise

27 - Comment sont calculés l'ancienneté et le salaire de référence pour les indemnités de rupture ?

Pour le calcul d'une indemnité de rupture (licenciement, retraite, rupture conventionnelle), vous avez besoin de deux paramètres :

- le salaire de référence ;
- l'ancienneté.

Le Code du travail, prévoit un calcul par défaut qui s'applique, sauf dispositions conventionnelles ou contractuelles plus avantageuses.

Calcul du salaire de référence

Il faut effectuer un double calcul :

- Salaire moyen de 12 mois précédant la notification de la rupture : on intègre l'ensemble des éléments de rémunération, primes et indemnités soumises à cotisations. Les primes réellement exceptionnelles (versées de façon ponctuelle, avec un caractère non répétitif), peuvent être retirées. S'il y a des absences non rémunérées, le salaire doit être rétabli sur la base habituellement perçue, cela pour tout motif d'absence. Il faut prendre en compte le salaire brut soumis à cotisations.

Il importe de se placer à la date de notification de la rupture.

- Salaire moyen des 3 derniers mois complets de contrat : mêmes remarques que pour les 12 derniers mois sur les éléments de rémunération à prendre en compte et le salaire à rétablir. Il faut en plus, intégrer les primes non mensuelles au prorata de la période.

Pour ces 3 derniers mois de contrat, on se positionne à l'expiration du préavis.

☞ *Un salarié perçoit un salaire de base de 2 600 € mensuel, une prime de 13e mois égale à un mois de salaire de base, on lui a également versé 350 € d'heures supplémentaires.*

Son salaire moyen des trois derniers mois d'activité est :

[(2 600 x 3) + ((3/12) x 2 600) + 350]/3 = 2 933,33 €

Si le salarié a travaillé à temps partiel au cours de sa carrière, le salaire de référence doit être découpé en fonction du temps passé à temps complet et du temps passé à temps partiel.

On commence par déterminer un salaire de référence sur une base temps complet, puis on applique ensuite les prorata temps partiel.

☞ *Mme Dutounis à un salaire de référence temps complet de 2 800 €. Cette salariée a travaillé pendant 15 ans dans une entreprise. Elle a travaillé à temps complet pendant 10 ans, 2 ans à temps partiel à 50 %, et 3 ans à temps partiel à 80 %.*

Calcul du salaire de référence :

(2 800 x 100 % x 10/15) + (2 800 x 50 % x 2/15) + (2 800 x 80% x 3/15) = 2 501,34 €

Calcul de l'ancienneté

Il s'agit de l'ancienneté au sens du Code du travail.

Certaines périodes sont prises en compte, d'autres non, comme le tableau ci-dessous le précise.

Ancienneté au sens du Code du travail

Périodes assimilées à du travail effectif (pour les compteurs d'ancienneté) dispositions légales	Périodes non assimilées à du travail effectif (pour les compteurs d'ancienneté) dispositions légales
• Périodes d'activité « normale » • Absences liées à la maternité, adoption, accident de travail, maladie professionnelle • Congés payés	• Absences liées à la maladie, accident de trajet • Congés sans solde, congés divers non rémunérés, • Congé parental et présence parentale: pris en compte pour moitié

Pour la comptabilisation de l'ancienneté, il faut également tenir compte des années incomplètes. Par commodité, les calculs sont faits en jours calendaires moyens soit 30 jours par mois et 360 jours par an. Cette règle de gestion peut être adaptée.

Par ailleurs, il existe aussi des clauses de reprise d'ancienneté, qui permettent de prendre en compte l'ancienneté acquise avant l'entrée du salarié dans l'entreprise Il s'agit notamment des périodes de stage, de contrat à durée déterminée ou d'intérim effectuées avant le début d'un contrat à durée indéterminée.

M. Green a débuté son activité dans l'entreprise Ever le 1er février 2005. Son contrat prend fin le 15 février 2017. M. Green a pris un congé parental de 12 mois en 2010.

Calcul de son ancienneté validée :

Ancienneté totale : 12 ans et 15 jours calendaires, soit un total de 4 335 jours (12 x 360 + 15 jours).

Déduction des périodes non assimilées à du travail effectif : le congé parental fait perdre 6 mois d'ancienneté, soit 180 jours calendaires.

Ancienneté validée : 4 335 - 180 = 4 155 jours.

Soit 11 ans et 0,54 années à prendre en compte (4 155 jours/360).

28 - Je pars à la retraite : quelle sera mon indemnité de départ à la retraite ?

En cas de départ à la retraite, la loi prévoit une indemnité minimale légale.

Montant minimal de l'indemnité de départ en retraite

Le tableau ci-après récapitule le montant minimum à verser au salarié en fonction de l'ancienneté et de son salaire de référence.

Indemnités de départ volontaire à la retraite

Ancienneté du salarié	Montant indemnité départ volontaire à la retraite (minimum légal)
Après 10 ans	0,5 mois
Après 15 ans	1 mois
Après 20 ans	1,5 mois
Après 30 ans	2 mois

Pour avoir des précisions sur le calcul du salaire de référence et de l'ancienneté, se reporter à la question 27.

☞ *Mlle Black part à la retraite dans le cadre d'un départ volontaire. Son salaire de référence est de 2 680 €, son ancienneté validée est de 12 ans et 3 mois.*

Montant de l'indemnité légale de départ à la retraite : 2 680 x 50 % = 1 340 €

Une convention collective peut prévoir un montant supérieur.

Traitement paie de cette indemnité

Cette indemnité est soumise à cotisations et à impôts en totalité. Il existait un abattement fiscal qui a été supprimé depuis quelques années.

Si le départ en retraite s'effectue dans le cadre d'un PSE (plan de sauvegarde de l'emploi), l'indemnité bénéficie d'un régime de faveur, elle bénéficie des exonérations de cotisations et d'impôts applicables aux indemnités de licenciement.

29 - Doit-on toujours percevoir une indemnité de licenciement ?

Le Code du travail prévoit le versement d'une indemnité de licenciement sous certaines conditions. Il s'agit d'une indemnité minimale légale, qui s'applique à défaut de dispositions conventionnelles, d'usages, ou de dispositions issues du contrat de travail plus favorables.

Droit sous conditions

En cas de licenciement, le salarié doit avoir l'ancienneté suffisante pour avoir le droit à son indemnité. L'ancienneté validée (cf. question 27) nécessaire, au niveau légal, est d'un an. À noter, le calcul de l'ouverture du droit à l'indemnité de licenciement s'effectue à la date de notification du licenciement, à l'issue de l'entretien préalable au licenciement, notification servant de point de départ au préavis - et non à la fin du préavis, comme cela est le cas pour le calcul des indemnités de rupture.

Par ailleurs, la nature de la faute commise, dans le cadre d'un licenciement pour motif disciplinaire, a un impact sur le droit à l'indemnité. En cas de faute grave ou de faute lourde (la qualification de la faute est précisée dans le courrier de notification du licenciement), le salarié perd son droit à l'indemnité de licenciement.

30 - Quel est le montant de l'indemnité de licenciement ?

En cas de licenciement, le salarié perçoit sous certaines conditions une indemnité de licenciement.

Une fois que vous avez déterminé votre ancienneté et votre salaire de référence (cf. question 27), vous pouvez déterminer le montant de l'indemnité. Le tableau ci-après fixe le minimum légal à accorder au salarié.

Indemnités de licenciement

Ancienneté du salarié	Montant indemnité légale de licenciement Articles L1234-9 et R1234-2 du Code du travail
Jusqu'à 10 ans	1/5 salaire de référence par année d'ancienneté
À partir de 10 ans	1/5 salaire de référence par année d'ancienneté + 2/15 salaire référence par année d'ancienneté au delà de 10 ans

Ces montants qui constituent un minimum, une convention ou accord, un usage, ou des dispositions issues du contrat de travail, peuvent prévoir un montant supérieur.

☞ *M. Green est licencié. Son salaire de référence est de 2 800 €, son ancienneté validée est de 11,54 ans.*

Montant de son indemnité légale de licenciement :

(2 800 x 1/5 x 11,54 années) + (2 800 x 2/15 x 1,54 années) = 7 037,33 €

Pour son régime social et fiscal, voir question suivante.

à faire

31 - L'indemnité de licenciement est-elle soumise à cotisations et à impôts ?

Cette indemnité de licenciement a le caractère de dommages et intérêts. Elle échappe aux cotisations et l'impôt dans la limite des plafonds autorisés.

Prise en compte des limites d'exonération sociale et fiscale

Pour traiter les indemnités de rupture correctement en paie, il importe de respecter les étapes suivantes :

1 - Totaliser les indemnités de rupture ayant le caractère de dommages et intérêts (indemnité de licenciement et le cas échéant l'indemnité transactionnelle).

2 - Ensuite, il faut appliquer les plafonds d'exonération. Il existe deux plafonds successifs :

Le plafond fixé par l'article 80 du Code général des impôts, qui fixe une limite d'exonération fiscale et sociale.

Ce plafond est égal au montant le plus élevé des trois limites suivantes :
- le montant de l'indemnité légale ou conventionnelle de licenciement ;
- 50 % du total des indemnités versées ;
- le double de la rémunération annuelle brute de l'année civile précédent la fin de contrat.

Ces deux derniers montants étant eux-mêmes limités à 6 plafonds annuels de Sécurité sociale (soit 235 368 € pour 2017).

Si le total des indemnités dépasse la limite d'exonération la plus haute, l'excédant sera soumis à cotisations et à impôts, si le total est inférieur, il n'y a pas de cotisations et d'impôts à déclencher.

Un second plafond a été rajouté en 2012, il s'agit d'un plafond d'exonération sociale à hauteur de 2 plafonds annuels de Sécurité sociale, soit 78 456 € en 2017. Ce second plafond, vient en complément du 1er plafond, le montant à réintégrer dans l'assiette de cotisations vient en compléter le montant éventuellement déjà réintégré dans le 1er cas. Ce second plafond fixe une nouvelle limite d'exonération sociale, mais ne joue pas en matière fiscale (s'il y a dépassement des 2 plafonds annuels de Sécurité sociale, le dépassement sera soumis à cotisations sociales mais ne sera pas imposable). Ce second plafond n'a pas d'impact fiscal, il a été cependant rajouté, pour les mandataires sociaux, pour les indemnités de rupture une limite fiscale à hauteur de 3 plafonds annuels de Sécurité sociale, pour les indemnités versées à compter de 2016.

3 - Dernier élément à prendre en compte : la CSG et la CRDS qui restent dues sur les indemnités de licenciement, cela dès que le montant versé est supérieur au montant de l'indemnité de licenciement prévue par la loi ou la convention collective. La CSG et la CRDS sont à déclencher au taux de 8 % sur la totalité du dépassement (pas d'application de l'abattement de 1,75 %) - cf. question 62.

Quelques exemples, pour essayer d'illustrer ces éléments qui demeurent assez complexes, c'est le charme de la paie !

Exemple 1

M. Orange est licencié en 2017. Il perçoit une indemnité conventionnelle de licenciement de 35 000 € ainsi qu'une indemnité transactionnelle de 45 000 €. Son salaire brut 2016 était de 42 000 €.

Total des indemnités : 35 000 + 45 000 = 80 000 €

- plafond 1 :

- *indemnité conventionnelle : 35 000 €*
- *50 % total indemnités : 80 000/2 = 40 000 €*
- *double salaire 2016 : 42 000 x 2 = 84 000 €*

On retient le plafond le plus élevé 84 000 €

Le total des indemnités est inférieur au plafond, pas d'indemnité à réintégrer socialement et fiscalement.

- plafond 2 : 2 plafonds annuels de Sécurité sociale 78 456 €.

Dépassement : 80 000 - 78 456 = 1 544 €

Ce dépassement sera soumis à cotisations sociales (salariales et patronales), mais ne sera pas imposable.

Assiette CSG/CRDS : la totalité de l'indemnité transactionnelle de 45 000 € doit être soumise à CSG/CRDS au taux de 8 %.

Exemple 2

Mme Pink est également licenciée en 2017. Elle perçoit une indemnité conventionnelle de licenciement de 35 000 € ainsi qu'une indemnité transactionnelle de 45 000 € comme M. Black. Son salaire brut 2016 était de 32 000 €.

Total des indemnités : 35 000 + 45 000 = 80 000 €

- *plafond 1 :*
  - *indemnité conventionnelle : 35 000 €*
  - *50 % total indemnités : 80 000/2 = 40 000 €*
  - *double salaire 2016 : 32 000 x 2 = 64 000 €*

On retient le plafond le plus élevé 64 000 €

Dépassement : 80 000 - 64 000 = 16 000 €, à réintégrer dans la base sociale et fiscale.

- *plafond 2 : 2 plafonds annuels de Sécurité sociale 78 456 € :*

Dépassement : 80 000 - 78 456 = 1 544 € à réintégrer dans la base sociale sous déduction de ce qui a déjà été réintégré dans l'étape 1. Le plafond 1 a déjà généré 16 000 € de réintégration, donc les 2 768 € de dépassement n'ont pas d'impact en paie.

Assiette CSG/CRDS : la totalité de l'indemnité transactionnelle de 45 000 € doit être soumise à CSG/CRDS au taux de 8 %.

32 - Quelle sera l'indemnité versée dans le cas d'une rupture conventionnelle homologuée ?

La loi prévoit, dans le cas d'une rupture conventionnelle homologuée, le versement obligatoire d'une indemnité de rupture, dont le montant minimal est égal à l'indemnité légale ou conventionnelle de licenciement. Les modalités de calcul sont identiques à celle explicitées dans la question 30.

Spécificité relative à l'indemnité de rupture conventionnelle homologuée

Il existe cependant une particularité pour les salariés ayant moins d'un an d'ancienneté. Pour ceux-ci, la condition d'ouverture du droit à l'indemnité qui est mise en œuvre pour un licenciement, n'est pas exigée pour la rupture conventionnelle homologuée. Le salarié devra percevoir une indemnité en fonction du prorata d'année effectué[14].

☞ *M. Yellow a travaillé 6 mois et 17 jours calendaires dans une entreprise. Une rupture conventionnelle est mise en œuvre. Son salaire de référence est de 2 200 €.*

Indemnité de rupture conventionnelle à verser au salarié :

Ancienneté exprimée en jours calendaires : (6 x 30) + 17 = 197 jours.

Ancienneté exprimée en année : 197/360 = 0,55

14. *Circulaire DGT 17 mars 2009.*

Montant indemnité de rupture conventionnelle : 1/5 x 0,55 x 2 200 = 242 €

33 : Comment est calculée l'indemnité de précarité d'un contrat à durée déterminée ?

À la fin d'un contrat à durée déterminée, le salarié perçoit (sauf exceptions, cf. question 34) une indemnité de précarité. Cette indemnité est également appelée indemnité de fin de contrat.

Taux de l'indemnité de précarité

Cette indemnité est égale à 10 % du salaire de référence perçu pendant la durée du contrat. Un accord de branche étendu, un accord d'entreprise ou d'établissement peuvent prévoir d'abaisser ce pourcentage à 6 %, si des contreparties sont mises en œuvre en termes d'accès à la formation[15].

La mise en œuvre du taux réduit suppose que le salarié a effectivement eu accès, lors de son contrat, à un dispositif de formation privilégié. Si ce n'est pas le cas, le taux de l'indemnité à retenir est de 10 %.

Les éléments composant le salaire de référence sont déterminés par le tableau ci-dessous.

Éléments à intégrer	Éléments à exclure
Salaire de base et accessoires Primes et indemnités soumises à cotisations Avantages en nature Heures supplémentaires, complémentaires et majorations diverses Salaire rétabli en cas d'accident du travail ou de maladie professionnelle	Sommes n'ayant pas le caractère de salaire : frais professionnels, épargne salariale Indemnité compensatrice de congés payés

L'indemnité compensatrice de congés payés est à exclure. Elle doit être calculée après l'indemnité de précarité, et c'est l'indemnité de précarité qui sera à intégrer dans la base de calcul de l'indemnité compensatrice de congés payés.

15. Article L. 1243-9 du Code du travail.

M. Blue a travaillé en contrat à durée déterminée sur deux mois. Il a perçu les salaires suivants :

Mois 1 : salaire de base : 1 580 €

Heures supplémentaires : 340 €

Mois 2 : salaire de base : 1 478 €

Prime de performance : 430 €

Le montant de son indemnité de précarité est le suivant :

10 % [1 580 + 340 + 1 478 + 430] = 382,80 €

Par contre son indemnité compensatrice de congés payés est égale à :

10 % [1 580 + 340 + 1 478 + 430 + 382,80] = 421,08 € (l'indemnité de précarité est à inclure dans la base de calcul de l'indemnité compensatrice de congés payés).

34 - Cette indemnité de précarité est-elle obligatoire ?

À l'échéance de son contrat à durée déterminée, le salarié doit percevoir une indemnité de précarité. Dans certaines situations, cette indemnité n'est pas due.

Certains contrats à durée déterminée n'ouvrent pas droit à l'indemnité[16].

	Situations	**Paiement de l'indemnité**
Motif du contrat	Emploi saisonnier ou d'usage	Non (sauf dispositions conventionnelles plus favorables)
	Contrats conclus dans le cadre de la politique de l'emploi (contrat de professionnalisation, apprentissage, CUI...)	Non
Situation inhérente au salarié	Contrat conclu avec un étudiant pendant les vacances scolaires	Non
Contrats successifs chez le même employeur	CDD suivi immédiatement d'une embauche en CDI	Non
	Refus d'un CDI proposé au salarié en CDD, pour un emploi similaire avec une rémunération équivalente	Non

16. *Source : Dictionnaire RF Paye.*

Rupture anticipée du contrat	Au cours de la période d'essai	Non
	En cas de faute grave ou lourde	Non
	En cas de force majeure	Non
	En cas d'embauche en CDI chez un autre employeur	Non
	En cas de rupture anticipée du fait du salarié pour toute autre situation	Non

Dans les autres situations, l'indemnité de précarité reste due. Ainsi, à l'échéance d'un contrat à durée déterminée pour remplacer un salarié absent, ou pour un accroissement temporaire d'activité, l'indemnité est à verser.

L'essentiel

- Deux paramètres sont essentiels pour calculer correctement les indemnités de rupture : la détermination de l'ancienneté du salarié et son salaire de référence.
- En cas de rupture du contrat, la loi et les accords collectifs (de branche, d'entreprise ou groupe, ou d'établissement) prévoient des indemnités de rupture spécifiques.
- En cas de rupture conventionnelle, une indemnité de rupture conventionnelle est à verser, cette indemnité est calculée selon les mêmes modalités que l'indemnité de licenciement (l'ouverture du droit est cependant différente).
- Dans certains cas de fin du contrat à durée déterminée, l'indemnité de fin de contrat (dite également indemnité de précarité) n'est pas due.

Chapitre 5

Avantages en nature : ses avantages et ses inconvénients

35 - Pourquoi les avantages en nature apparaissent-ils sur le bulletin de paie ?

Pour l'URSSAF et les impôts, un avantage en nature constitue un complément de rémunération versée au salarié, non pas en espèces comme les différentes rubriques de primes, indemnités ou éléments de salaire, mais en nature. En tant qu'élément de rémunération, il faudra donc valoriser les cotisations et déclarer aux impôts ces avantages, et donc les intégrer sur le bulletin de paie.

Notion d'avantages en nature

De façon officielle, constitue un avantage en nature « la fourniture d'un bien ou d'un service à un salarié, gratuitement, ou moyennant un coût inférieur à la valeur réelle du bien ou service mis à disposition ».

Deux éléments sont donc essentiels pour caractériser l'avantage en nature :

- La mise à disposition d'un bien ou d'un service : le salarié doit se voir mettre à disposition, un bien ou un service, qui a été acheté ou loué par l'employeur, bien ou service qui va pouvoir être utilisé par le salarié pour son usage personnel. Si l'utilisation du bien ou service est uniquement professionnelle, il n'y a pas avantage en nature.
- Une participation du salarié inférieure à la valeur réelle du bien ou du service : la participation du salarié vient diminuer la valeur de l'avantage en nature. Si cette participation correspond à la valeur du

bien ou service cela annule la nécessité de réintégrer l'avantage en nature du bien. Si la mise à disposition se fait gratuitement il faudra réintégrer l'avantage en paie.

L'intégration de l'avantage en nature se fait de la façon suivante :

Option 1

Bulletin de paie simplifié

Salaire de base	2000 €
Avantages en nature	200 €
Brut :	2200 €
Charges salariales (22%)	- 484 €
Net imposable	1716 €
Avantages en nature	- 200 €
Net à payer	1516 €

Option 2

Bulletin de paie simplifié

Salaire de base	2000 €
Brut :	2000 €
Charges salariales (22%)	- 440 €
Net imposable	1560 €
Avantages en nature	- 200 €
Net à payer	1360 €

Il existe deux options pour intégrer les avantages en paie :

Option 1 : on considère que les avantages en nature s'ajoutent au salaire de base. Ils constituent un complément de rémunération qui est intégré dans le salaire brut et dans le salaire imposable, ce qui déclenche les cotisations salariales et patronales sur le salaire brut. L'avantage est ensuite déduit du net, car il a déjà été accordé en nature au salarié.

Option 2 : on considère que les avantages en nature sont intégrés dans le salaire de base du salarié. Le salaire de base peut ainsi être constitué en partie, voire en totalité, d'avantages en nature qui sont ensuite retirés du net. Plus le montant des avantages en nature est important, plus le montant du salaire net qui reste disponible au salarié se restreint. Dans le cas maximal, où la totalité du salaire est composé d'avantages en nature, on obtient même un salaire négatif. Pour éviter cela, le Code de la Sécurité sociale prévoit que lorsque la totalité du salaire est composée d'avantages en nature, la part salariale des cotisations n'est pas due.

36 - Je bénéficie d'une voiture de fonction. Est-ce normal de voir un avantage en nature sur le bulletin de paie ?

Une voiture de fonction suppose une utilisation personnelle du véhicule (contrairement au véhicule de service qui lui est affecté à un usage uniquement professionnel). Donc, s'il n'y a pas de participation du salarié, ou si sa participation est inférieure à la valeur réelle de l'avantage, il est normal de valoriser, en paie, un avantage en nature.

Quand faut-il valoriser un avantage en nature véhicule ?

La circulaire questions/réponses DSS du 19 août 2005 (Q16) précise cependant qu'un véhicule qui est mis à disposition avec une interdiction d'utiliser le véhicule les week-ends et pendant les congés, permet de ne pas valoriser d'avantage en nature (les interdictions d'utilisation doivent être précisées par écrit au salarié).

De même, si le véhicule professionnel est utilisé pour effectuer les trajets domicile/lieu de travail, il existe une tolérance (Q33 de la circulaire questions/réponses) de non-déclenchement de l'avantage en nature, si on peut démontrer que :

- le véhicule est nécessaire à l'activité professionnelle ;
- le véhicule n'est pas mis à disposition de façon permanente et ne peut être utilisé à des fins personnelles ;
- il existe une impossibilité d'utiliser les transports en commun (trajet non desservi, horaires particuliers de travail).

Pour évaluer le montant de l'avantage en nature, l'employeur dispose de deux possibilités :

- valorisation sur la valeur réelle ;
- valorisation sur une base forfaitaire (qui a été modifiée par les arrêtés du 10 décembre 2002, et précisée par différentes circulaires DSS sous forme de questions/réponses).

Le tableau ci-après indique le montant de l'avantage à déterminer, selon la méthode choisie.

Valorisation de l'avantage en nature véhicule : méthode forfaitaire

	Véhicule acheté 5 ans et moins	Véhicule acheté + 5 ans	Véhicule loué
L'employeur ne prend pas en charge les frais de carburant pour les déplacements privés	9% du coût d'achat	6% du coût d'achat	30 % du coût annuel global de la location (location, entretien, assurance) (1)
L'employeur prend en charge les frais de carburant pour les déplacements privés	12% du coût d'achat ou 9% du coût d'achat + les frais de carburant pris en charge à titre privé	9% du coût d'achat ou 6% du coût d'achat + les frais de carburant pris en charge à titre privé	40 % du coût annuel global de la location ou 30% coût de la location + les frais de carburant pris en charge à titre privé (1)

(1) Ce montant est limité à la valeur de l'avantage obtenu en appliquant le barème relatif au véhicule acheté (prise en compte du prix d'achat du véhicule par le loueur, mentionné sur le contrat de location.

Cette méthode a l'avantage de la simplicité, du moins si l'employeur ne prend pas en charge les frais de carburant pour les déplacements privés !

La question de la prise en charge - ou non - des frais de carburant a un impact important sur le montant de l'avantage à valoriser. Si l'employeur déclare ne pas prendre en charge le carburant pour les déplacements privés, il faudra être à même de justifier du dispositif de contrôle mis en place pour s'assurer que c'est effectivement le cas (suivi du kilométrage effectué et dates auxquelles les pleins de carburant sont réalisés), ou de pouvoir justifier de la quote-part du carburant qui correspond à des déplacements privés et ceux correspondant à une utilisation professionnelle (ce qui peut générer de joyeuses discussions avec le salarié et/ou le contrôleur URSSAF, vu les enjeux financiers qui y sont liés !).

☞ *M. White bénéficie d'une voiture de fonction. Ce véhicule est loué par l'employeur. Le coût annuel global de la location est 6 500 € TTC, les frais d'entretien sont 525 € TTC, l'assurance 630 € TTC. Le prix d'achat du véhicule par le loueur, mentionné dans le contrat de location est de 15 500 € TTC. Le véhicule a été acheté il y a 3 ans.*

Les frais de carburant pour les déplacements privés ne sont pas pris en charge par l'employeur.

Montant de l'avantage en nature méthode valorisation forfaitaire :
30 % (6 500 + 525 + 630) = 2 296,50 €
Plafond : barème véhicule acheté : 9 % 15 500 = 1 395 €
Le montant retenu sera donc de 1 395 € annuels.

Valorisation de l'avantage en nature véhicule : méthode au réel

Cette méthode est plus fastidieuse, car elle suppose de suivre le kilométrage effectué avec le véhicule, en distinguant le kilométrage professionnel, du kilométrage privé. La circulaire questions/réponses du 19 août 2005 apporte les précisions sur la nature des dépenses à prendre en compte sur les dépenses d'entretien et d'assurance (questions 72 et 73) et les éléments de preuve nécessaires pour justifier du kilométrage effectué (question 74, le système déclaratif constitue un commencement de preuve, qui doit être confirmé par les carnets de bord, de visite ou de rendez-vous du salarié).

☞ *On valorise cette fois l'avantage en nature véhicule de M. White au réel.*
Le kilométrage total effectué sur l'année est de 35 000 kilomètres, dont 10 000 kilomètres correspondent à des déplacements privés.
Montant avantage en nature méthode réelle :
(6 500 + 525 + 630) x 10 000/35 000 = 2 187,14 € annuels.

37 - À quoi correspondent les avantages en nature NTIC ?

Lorsque l'employeur met à disposition, dans le cadre d'une activité professionnelle, des outils issus des nouvelles technologies de l'information et de la communication (NTIC) - matériels informatiques, logiciels, abonnements et temps de connexion -, l'utilisation personnelle de ces outils professionnels peut déclencher un avantage en nature NTIC. En pratique, il s'agit essentiellement de la mise à disposition de téléphones portables et de connexions Internet à domicile des salariés qui sont utilisés à des fins professionnelles et également privées.

Quand faut-il déclencher un avantage en nature NTIC ?

La circulaire DSS questions/réponses du 19 août 2005 (Q23) fait état d'une tolérance qui permet de négliger cet avantage en paie, lorsque l'utilisation de ces outils professionnels demeure « raisonnable (...) pour la vie quotidienne du salarié ».

Tout le problème est de savoir où commence - et finit - le raisonnable !

Face à un risque de redressement, il semble judicieux de sécuriser les pratiques. Deux options s'offrent à l'employeur :

- Mettre en place des garde-fous pour justifier du caractère « raisonnable » de l'utilisation personnelle avec un suivi des appels atypiques des salariés. La mise en place de ce suivi des appels téléphoniques, pour être autorisée, doit avoir préalablement donné lieu à une consultation du comité d'entreprise et une information des salariés.
- Valoriser l'avantage en nature en paie. Pour cela, l'URSSAF propose une valorisation forfaitaire (arrêté du 10 décembre 2002) sur la base de 10 % du montant TTC des outils NTIC (matériel et consommations). Une autre solution est la valorisation réelle, qui suppose de rapporter le coût des outils au prorata de l'utilisation personnelle, par rapport à l'utilisation totale (ce qui va demander un suivi des appels téléphoniques extrêmement lourd et précis !).

Si ces outils issus des NTIC sont utilisés entièrement à titre privé, c'est la totalité de l'abonnement et des coûts annexes qui doivent être réintégrés en avantage en nature.

38 - Un employeur peut-il faire un cadeau à ses salariés ?

Rien n'interdit à un employeur de faire un cadeau à ses salariés !

Cependant, pour l'URSSAF et les impôts, tout cadeau, dont l'utilisation n'est pas professionnelle, doit déclencher un avantage en nature en paie.

Tolérance réservée aux petites structures

Il existe une seule tolérance, pour les employeurs de moins de 50 salariés, dépourvus de comité d'entreprise (CE), qui peuvent se substituer au CE pour les activités sociales et culturelles, et bénéficier d'une tolérance en matière d'avantage. Dans ce cas, l'employeur dépourvu de comité d'entreprise bénéficie des tolérances attachées au CE (cf. question 39).

En dehors de cette tolérance pour les entreprises de moins de 50 salariés, tous les cadeaux attribués par l'employeur doivent donc être réintégrés dans le brut soumis à cotisations et à impôt, en tant qu'avantage. Le montant à réintégrer correspond à la valeur réelle du cadeau (montant TTC, tel qu'il apparaît en comptabilité).

Sont notamment visés ici, toutes les pratiques commerciales, attribution d'« incentives » de récompenses diverses. Ces pratiques si elles n'ont pas été intégrées en paie, seront détectées par l'URSSAF, dans le cadre d'un éventuel contrôle. Ainsi, les achats de cadeaux, invitations, séjours divers apparaissent dans la comptabilité de l'entreprise, et, sur les justificatifs comptables de l'entreprise sera précisée l'identité des bénéficiaires, ces éléments permettront au contrôleur d'identifier ces pratiques, il vaut donc mieux anticiper !

39 - Le comité d'entreprise peut-il faire des cadeaux pour Noël aux salariés, sans déclencher d'avantage en nature ?

Il existe une tolérance, posée par l'ACOSS[17], qui exonère les bons d'achat et/ou cadeaux faits par le comité d'entreprise dans le cadre de ses activités sociales et culturelles.

Pour bénéficier de cette tolérance, les conditions suivantes sont à respecter :

- Soit respecter un plafond global (pour l'ensemble des cadeaux et bons d'achats sur l'année accordés à un salarié) de 5 % du plafond mensuel (soit 163 € pour 2017).
- Si ce plafond global est dépassé, il possible d'accorder des cadeaux et bons d'achats pour une liste d'événements autorisés (la limite d'exonération s'appréciant, dans ce cas, pour chacun des événements.

Les événements qui ouvrent droit à l'exonération sont les suivants :

- événements concernant les salariés :
  - mariage,
  - PACS,
  - naissance,
  - Noël,
  - Sainte-Catherine,
  - Saint-Nicolas,
  - retraite,
  - fête des mères,
  - fête des pères ;

17. Lettre ministérielle du 12 décembre 1988.

- événements concernant les enfants du salarié :
    - Noël jusqu'à 16 ans révolus dans l'année civile,
    - rentrée scolaire pour les enfants jusqu'à 25 ans révolus dans l'année civile (sous réserve de la justification du suivi de la scolarité).

Dans cette situation, si le bon d'achat ou le cadeau est bien lié à l'événement (le cadeau doit être lié à l'événement, attention aux bons d'achat, qui doivent être à usage spécifique, notamment pour la rentrée scolaire, où le bon d'achat doit être consacré à du matériel scolaire, fournitures scolaires, livres...). Il est possible de bénéficier de la tolérance des 5 % du plafond, pour chaque cadeau/bon d'achat attribué au salarié sur l'année, pour chaque événement autorisé.

Ainsi, le comité d'entreprise peut faire des cadeaux, ou accorder des bons d'achat aux salariés de l'entreprise, cela à hauteur de 5 % du plafond mensuel pour le salarié, et également pour ses enfants jusqu'à 16 ans révolus.

Dans les entreprises de moins de 50 salariés, dépourvues de comité d'entreprise (l'obligation légale de mettre en place un comité d'entreprise joue à partir de 50 salariés), l'employeur peut se substituer au CE et mettre en œuvre ces avantages sociaux, tout en bénéficiant de l'exonération.

Si l'entreprise a plus de 50 salariés, ou si un CE est mis en place, le bénéfice de l'exonération ne sera pas possible !

Le bénéficiaire du cadeau doit être concerné par l'événement. Un salarié sans enfant, ne pourra pas bénéficier de bons d'achat ou cadeaux pour la rentrée scolaire, le Noël des enfants, ou la fête des mères/pères.

40 - Peut-on bénéficier d'une remise sur les biens ou service produits ou vendus par notre entreprise, sans se voir déclencher un avantage en nature en paie ?

Il est possible de faire bénéficier à ses salariés d'une réduction sur les biens et services produits ou vendus par l'entreprise. Cependant, l'administration a fixé une tolérance, au-delà de laquelle la remise est considérée comme un avantage en nature. Cette tolérance est 30 % de réduction maximale accordée au salarié par rapport au prix de vente public du bien ou du service.

Tolérance fixée par l'administration

Cette question a été à l'origine d'un important contentieux avec les URSSAF dans certains secteurs d'activité : les banques, constructeurs automobiles, secteur du luxe...

Face au risque de redressement, les entreprises se sont mises en conformité avec la tolérance posée par l'administration[18].

La limite à respecter, pour ne pas déclencher d'avantage en nature est fixée à une réduction maximale accordée au salarié qui ne doit pas dépasser 30 % par rapport au prix de vente normal au public.

Précisions apportées par les tribunaux

Différentes décisions de justice, sont venues préciser ce prix de vente normal au public : il s'agit du tarif pratiqué, auprès du client final, à savoir, généralement, un particulier (on ne tient pas compte du tarif grossiste ou professionnel).

Par contre, ce tarif pratiqué auprès de la clientèle peut bénéficier de remises, promotions diverses : c'est ce prix après remise qui sera pris en compte pour vérifier la règle des 30 % de remise. De la même façon, s'il s'agit de produits défectueux, il est possible de prendre en compte le prix le plus bas consenti à une clientèle de soldeurs.

☞ *M. Cyan travaille chez un fabricant d'appareils ménagers. Son employeur lui fait bénéficier d'une remise sur un robot multifonctions.*

Prix usine du robot : 545 € TTC

Prix magasin : 1 076 € TTC

Prix magasin lors d'une opération commerciale 870 € TTC

Montant maximal de la remise à accorder au salarié :

Il possible de partir sur le prix après remise soit les 870 €, moins 30 % de réduction maximale soit 261 €, le salarié devra donc payer a minima son appareil ménager à hauteur de 609 € TTC.

Enfin, seuls les produits ou services de l'entreprise bénéficient de cette tolérance. Les réductions dont pourraient bénéficier les salariés sur les produits d'un fournisseur de l'entreprise ou auprès d'autres sociétés du groupe auquel appartient l'entreprise, ne bénéficient pas de la tolérance.

---

18. Circulaire DSS 19 août 2005, Q93.

L'essentiel

- Les avantages en nature sont des compléments de rémunération, ceux-ci doivent donc être intégrés sur le bulletin de paie, de façon à déclencher les cotisations et les impôts qui s'y rapportent.
- L'ACOSS (Agence Centrale des Organismes de Sécurité Sociale) fixe des barèmes, réévalués tous les ans au 1er janvier, qui permettent de valoriser de façon forfaitaire certains avantages en nature.
- L'employeur peut ne pas choisir la valorisation forfaitaire, et utiliser une valorisation au réel.
- Les cadeaux faits par l'employeur à ses salariés sont considérés comme des avantages en nature, il existe cependant une tolérance pour les cadeaux remis par l'intermédiaire du comité d'entreprise.

Chapitre 6

La durée du travail dans tous ses états

41 - Comment sont payées les heures supplémentaires effectuées ?

Le calcul des heures supplémentaires est dépendant de deux paramètres : le déclenchement du bon taux de majoration et la détermination du taux horaire.

Quel taux de majoration appliquer ?

Le Code du travail prévoit un paiement majoré des heures supplémentaires, qui peut être résumé par le tableau suivant :

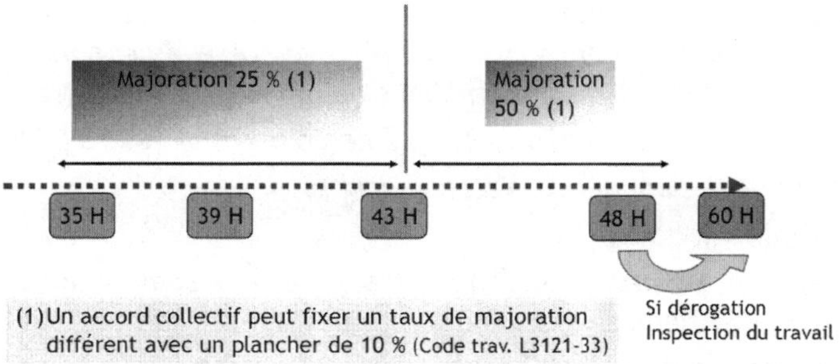

La Loi travail du 8 août 2016 vient assouplir les possibilités de dérogation relatives au taux de majoration des heures supplémentaires. Cette question a été très médiatisée dans le cadre de la discussion de la Loi travail. Cependant, il existait depuis 2008, des possibilités de dérogation, par voie d'accord collectif, avec également un taux plancher de majoration de 10 %. Le dispositif actuel est donc très semblable au dispositif précédent. On peut s'interroger sur l'origine de cette crispation sur cette question !

Calcul du taux horaire

Un autre élément sur lequel il faut être vigilant sur le paiement des heures supplémentaires et le calcul du taux horaire à prendre en compte pour le paiement des heures supplémentaires.

La loi demande de prendre en compte les éléments suivants :

Éléments à prendre en compte	Éléments à exclure
Salaire de base et accessoires Prime représentant la contrepartie d'un travail effectif	Prime d'ancienneté Prime d'assiduité Primes liées aux conditions de travail Primes exceptionnelles

Pour déterminer le taux horaire, on intègre les éléments à prendre en compte, que l'on divise sur la base de mensualisation du salarié.

Mme Acajou perçoit un salaire de base de 1 800 € pour 35 heures par semaine, elle bénéficie également :

D'une prime d'ancienneté de 150 €.

D'une prime de langues : 210 € (prime déclenchée pour sa maîtrise des langues étrangères, il s'agit d'une prime qui représente la contrepartie d'un travail effectif).

D'une prime d'éloignement : 245 € (prime accordée du fait de l'éloignement de l'agence dans laquelle elle doit exercer son activité, il s'agit d'une prime liée aux conditions de travail).

Mme Acajou effectue 8 heures supplémentaires (majorées à 25 %).

Montant de la rémunération à déclencher :

Calcul du taux horaire :

Éléments à prendre en compte/base de mensualisation : 1 800 + 210/151,67 heures = 13,25 €

On ne tient pas compte de la prime d'ancienneté, ni de la prime d'éloignement pour le calcul du taux horaire servant de base aux heures supplémentaires.

Montant des heures supplémentaires : 8 heures x 13,25 x 1,25 = 132,50 €

42 - Comment définir le temps de travail effectif pour les heures supplémentaires ?

L'article L. 3121-28 du Code du travail (réécrit après la Loi travail) pose le principe que « toute heure accomplie au-delà de la durée légale hebdomadaire ou de la durée considérée comme équivalente est une heure supplémentaire qui ouvre droit à une majoration salariale ou, le cas échéant, à un repos compensateur équivalent ».

Il importe donc de définir précisément les heures accomplies qui reposent sur la notion de temps de travail effectif pour déterminer le déclenchement des heures supplémentaires.

Pour qu'il y ait des heures supplémentaires, plusieurs conditions sont à remplir :

- Suppression du préalable des heures effectuées à la demande de l'employeur. Cette condition n'est plus inscrite dans la loi. En effet, à partir du moment où les heures supplémentaires sont effectuées, elles devront être payées au salarié, peu importe qu'il y ait eu une demande préalable, explicite de l'employeur.
- **1re condition :** du travail effectif réalisé par le salarié. la notion de travail effectif est une notion centrale pour le déclenchement des heures supplémentaires. Le temps de travail effectif est considéré comme le temps « pendant lequel le salarié est la disposition de l'employeur et doit se conformer à ses directives sans pouvoir vaquer librement à ses occupations personnelles[19] ».

Ainsi tous les temps pendant lesquels le salarié n'est pas à la disposition de l'employeur, ne sont pas à prendre en compte pour le déclenchement des heures supplémentaires. Il en est ainsi des temps de pause, des temps de repos, des temps d'habillage, des temps de déplacement du domicile au lieu de travail. Ces temps « intermédiaires » ne sont pas à prendre en compte, même s'ils ont été rémunérés par l'employeur.

M. RoyalBlue est payé, au cours d'une semaine, 37 heures. Sur ces heures, 2 heures correspondent à du temps de pause payé (12 minutes de pause, matin et après-midi réparties sur 5 jours !). Dans ce cas, le nombre d'heures supplémentaires à payer est nul, en effet le temps de travail effectif effectué au cours de la semaine est de 35 heures (37 - 2), donc aucune heure supplémentaire ne sera à payer.

19. *Article L. 321-1 du Code du travail, disposition d'ordre public.*

Par contre, certaines périodes sont assimilées à du travail effectif pour le paiement des heures supplémentaires :

- La prise de repos compensateur (au titre du repos compensateur de remplacement ou de la contrepartie obligatoire en repos).
- Les jours fériés chômés (sont assimilés à du travail effectif par l'administration, les juges par contre n'en tiennent pas compte, décision Cour de cassation du 4 avril 2012).
- La prise de congés au titre des événements familiaux.
- Le suivi d'action de formation professionnelle assimilée à du travail effectif.
- Les examens médicaux obligatoires.

- **2e condition :** du travail effectif au-delà de la durée légale du travail. La durée légale, par défaut, s'apprécie à la semaine civile (du lundi 0 h 00 au dimanche 24 h 00). Elle est de 35 heures. Il est possible de négocier par accord d'entreprise ou d'établissement, ou à défaut par accord de branche une période de référence de 7 jours distincts de la semaine civile[20].

Par dérogation, en appliquant un dispositif d'aménagement du temps de travail, il est possible de prendre une durée de référence plus large (un décompte sur plusieurs semaines consécutives, sur l'année (cf. question 46), voire sur une période supérieure à l'année. Depuis la Loi travail du 8 août 2016, il est possible de décompter la durée du travail sur une période supérieure à l'année, jusqu'à un maximum de trois ans. Cette possibilité n'est ouverte que si un accord de branche l'y autorise[21].

43 - Les heures supplémentaires sont-elles obligatoirement payées ?

Le Code du travail prévoit un paiement, par défaut, des heures supplémentaires. Il est possible, de ne pas payer les heures supplémentaires, et de les faire récupérer, il s'agit du dispositif du repos compensateur de remplacement - RCR[22].

20. Article L. 3121-32 du Code du travail, champ de la négociation collective.
21. Article L. 3121-44 du Code du travail, champ de la négociation collective.
22. Article L. 3121-33 du Code du travail, champ de la négociation.

Mise en œuvre encadrée

La mise en œuvre du RCR suppose la signature préalable d'un accord collectif (au niveau de l'établissement, l'entreprise, ou à défaut de la branche) qui précisera quelles sont les heures supplémentaires récupérées et celles qui sont payées, et également qui décidera du dispositif.

La récupération des heures supplémentaires peut être totale ou partielle.

☞ *Nous avons vu que Mme Acajou (cf. question 41) a effectué 8 heures supplémentaires. Nous avons déterminé le paiement dans la question précédente.*

Ces heures peuvent être récupérées.

Option 1 : récupération totale. Pas de paiement des heures.

Heures de RCR acquises : 8 heures x 1,25 = 10 heures de RCR.

Option 2 : récupération partielle. L'heure de base est payée, la majoration est accordée en RCR.

Paiement de 8 x 13,25 = 106 €. RCR : 8 x 0,25 = 2 heures.

Option 3 : récupération partielle. La majoration est payée, l'heure de base est récupérée.

Paiement de 8 x 13,25 x 0,25 = 26,50 €. RCR : 8 x 100 % = 8 heures.

Les heures acquises au titre du RCR doivent être prises en repos. Des règles de prise et d'information sont à respecter

Ainsi, le salarié doit être informé des heures acquises au titre du RCR tous les mois, au moyen d'une annexe au bulletin de paie, ou directement sur le bulletin. Dès que son solde d'heures atteint 7 heures ce document précise au salarié que son droit à RCR est ouvert, et qu'il dispose d'un délai de deux mois, pour prendre son repos (sous forme de journée complète ou ½ journée)[23].

44 - Quelle différence entre une heure complémentaire et une heure supplémentaire ?

La notion d'heure complémentaire renvoie au contrat de travail à temps partiel, celle d'heure supplémentaire à celui de contrat à temps complet.

23. Article D. 3171-11 du Code du travail.

Heures supplémentaires

Les heures supplémentaires représentent les heures de travail effectif accomplies au-delà de la durée légale du travail. Il s'agit, par définition d'une situation qui concerne les salariés à temps complet. Les heures supplémentaires sont payées avec une majoration de salaire fixée par la loi ou un accord collectif (cf. question 43).

Heures complémentaires

Les heures complémentaires concernent les salariés à temps partiel. Il s'agit des heures de travail effectif accomplies au-delà de l'horaire contractuel. Cet horaire contractuel peut être hebdomadaire, mensuel ou annuel.

Le législateur fixe une limite aux heures complémentaires :

- 10 % de l'horaire contractuel maximum (ces 10 % peuvent être portées à 1/3 dans le cadre d'un accord collectif d'établissement ou d'entreprise, ou à défaut de branche[24].
- En tout état de cause, le nombre d'heures effectuées - heures complémentaires - doit être inférieur à la durée légale du travail ou de l'horaire collectif en vigueur dans l'entreprise, si cette durée est inférieure à la durée légale.

Le non-respect de ces dispositions est passible d'une contravention de 5e classe (jusqu'à 1 500 € par salarié concerné. Ce non-respect peut également entraîner une requalification du contrat de travail en contrat à temps complet.

Les heures complémentaires sont payées avec une majoration de salaire :

- 10 % à hauteur de 10 % de l'horaire contractuel.
- 25 % au-delà de 10 % de l'horaire contractuel.

Contrairement aux heures supplémentaires, il n'est pas possible de négocier par accord collectif d'établissement ou d'entreprise un taux de majoration différent. La dérogation peut, par contre, être négociée au niveau de la branche[25].

☞ *Mlle Indigo, étudiante de moins de 26 ans[26], a un horaire contractuel de 20 heures par semaine.*

24. Article L. 3123-20 du Code du travail.
25. Article L. 3123-21 du Code du travail, champ de la négociation.
26. Depuis le 1er juillet 2014, les salariés à temps partiel sont soumis à un horaire contractuel minimal de 24 heures par semaine ou son équivalent mensuel 104 heures, ou annuel 1 102 heures. Il existe cependant de nombreuses exceptions (voir plus loin dans la question).

Elle effectue au cours d'une semaine 6 heures complémentaires.

Son salaire mensuel est 1 200 €.

Traitement de ces heures complémentaires :

2 heures payées à 110 %, soit 2 x 13,85 x 110 % = 30,47 €

(le taux horaire est calculé sur la base de 1 200/86,67 = 13,85 €)

4 heures payées à 125 % (au-delà de 10 % de l'horaire contractuel), soit 4 x 13,85 x 125 % = 69,25 €

Total heures complémentaires : 99,72 €

Encadrement plus strict (pour l'employeur) du recours aux heures complémentaires

Par ailleurs, les heures complémentaires ne relèvent pas du régime des heures supplémentaires. La notion de repos compensateur de remplacement n'existe pas pour les heures complémentaires. Les heures complémentaires ne s'imputent pas sur le contingent. Les possibilités de refuser de faire des heures complémentaires, pour un salarié, sont plus nombreuses. Ainsi, la loi instaure un délai de prévenance de 3 jours avant la date à laquelle les heures complémentaires sont prévues, pour pouvoir imposer au salarié les heures complémentaires. Si ce délai n'est pas respecté, le refus d'effectuer les heures complémentaires ne peut constituer ni une faute, ni un motif de licenciement[27].

Pour les heures supplémentaires, elles relèvent du pouvoir de direction de l'employeur. Les possibilités de refuser de faire des heures supplémentaires sont assez limitées, cela uniquement lors d'un abus manifeste de la part de l'employeur.

Durée contractuelle minimale : 24 heures hebdomadaire

Il existe cependant de nombreuses dérogations, qui autorisent à conclure un contrat inférieur à cet horaire.

Cas dérogatoires :

- dérogations pour contraintes personnelles (familiales, cumul d'emploi) ;
- dérogations conventionnelles prévues par accord de branche ;
- dérogations légales (en cas de remplacement d'un salarié travaillant mois de 24 heures par semaine, étudiants de mois de 26 ans, réglementation spécifique inhérente à certains contrats).

27. *Article L. 3123-10 du Code du travail, ordre public.*

45 - Doit-on décompter les heures de travail d'un salarié au forfait jours ?

La notion de forfait jours exclut normalement le décompte des heures de travail. Cependant quelques particularités demeurent.

Pas de décompte des heures de travail

Le principe du forfait jours est justement de pouvoir s'affranchir du suivi des heures de travail, pour mettre en place un suivi des jours travaillés.

La notion de forfait jours suppose une impossibilité de suivre les heures de travail, du fait de l'autonomie du salarié dans l'organisation de son temps de travail.

De ce fait, il est permis de ne pas suivre le nombre d'heures effectuées, et mettre en place un suivi de l'activité. La Cour de cassation, a cependant mis en place des garde-fous, dans le suivi des conventions de forfait[28], dispositions qui ont été intégrées dans le code avec la Loi travail (08 août 2016).

Pour être valable, l'accord collectif doit prévoir différents éléments de suivi. À défaut, l'employeur doit justifier des éléments suivants :
- un suivi régulier de la charge de travail du salarié en forfait jours ;
- un suivi des jours travaillés et des jours de repos ;
- un entretien annuel portant sur la compatibilité de la convention de forfait et de la charge de travail, ainsi que sur l'articulation vie privée/organisation travail[29].

Si ces éléments ne sont pas mis en place, la validité de la convention de forfait peut être remise en cause, on doit alors suivre les heures de travail du salarié, et déclencher les éventuelles heures supplémentaires effectuées.

Particularités

Il existe cependant deux cas particuliers pour les salariés en forfait jours, pour lesquels les heures de travail doivent être prises en compte. Il s'agit des heures de grève, où un salarié en forfait jours pour lequel on a des heures de grève à retenir. Si ces heures de grève sont inférieures

28. décisions de la Cour de cassation du 29 juin 2011 et du 13 juin 2012.
29. Article L. 3121-64 du Code du travail, dispositions supplétives.

à une journée complète de travail, il faudra valoriser ces heures pour le salarié en forfait jours.

Autre particularité prévue par la Loi travail, pour le décompte des heures de délégation pour les représentants au forfait jours : les heures de délégation sont désormais regroupées en ½ journées de travail venant en déduction du nombre annuel de jours travaillés, 4 heures correspondant à une ½ journée de travail (il s'agit d'un dispositif supplétif qui s'applique à défaut d'accord collectif).

Impact sur le bulletin de paie

En dehors de ces cas particuliers, tous les autres éléments de présence ou d'absence du salarié, devront être valorisés en jours, voire en demi-journées - si l'accord collectif instituant le forfait jours, le prévoit. Aussi, il est fortement recommandé de ne pas faire apparaître de références horaires sur le bulletin de paie d'un salarié en forfait jours, ni de valorisation d'absences en heures (sauf dans le cas de grève). Par ailleurs, le forfait jours et le volume de jours à réaliser doivent être mentionnés sur le bulletin.

46 - D'où viennent les 1 607 heures servant de base au forfait annuel ?

Suite à l'abaissement de la durée légale du travail de 39 heures à 35 heures en janvier 2000, les dispositifs d'aménagement du temps de travail se sont multipliés dans les entreprises. Parmi ces dispositifs, on retrouve les dispositifs d'annualisation du temps de travail qui permettent de décompter la durée du travail, et donc de déclencher les heures supplémentaires, sur une base annuelle.

Dispositifs d'annualisation

Parmi ces dispositifs d'annualisation, on retrouve :

- Les dispositifs de modulation du temps de travail, pour les accords signés avant le 20/08/2008. Le dispositif de modulation a été abrogé par la loi du 20/08/2008, mais les accords conclus avant cette date et non dénoncés ou modifiés demeurent valables.
- Les conventions annuelles de forfait (en heures ou en jours, cf. question 46).

- L'aménagement du temps de travail sur une période supérieure à la semaine ou au plus égale à l'année (qui est le cadre légal pour les accords signés depuis le 20 août 2008).

Dans l'ensemble de ces dispositifs basés sur un décompte en heures, il faut une référence annuelle de temps de travail, qui permette de déclencher les heures supplémentaires. Ce seuil annuel est fixé à 1 607 heures, ou une limite inférieure expressément prévue par l'accord.

En effet, en fin de période, seront considérées comme des heures supplémentaires, les heures de travail effectif effectuées au delà des 1 607 heures annuelles (ou limite inférieure fixée par l'accord) déduction faite des heures déjà payées en cours d'année.

M. Mahogany est en convention de forfait annuel. Il a effectué 1 655 heures de travail effectif sur l'année.

Au cours de l'année 10 heures supplémentaires lui ont été déjà réglées.

En fin d'exercice, le reliquat d'heures supplémentaires à payer est le suivant :

1 655 - 1 607 = 48 heures excédentaires.

Déduction faite d'heures supplémentaires déjà réglées : - 10 heures.

Solde d'heures supplémentaires à payer : 48 - 10 = 38 heures supplémentaires.

Le décompte des 1 607 heures est obtenu en suivant ce raisonnement :

On part des 365 jours calendaires annuels
- 104 samedis et dimanches
- 8 jours fériés ne tombant pas un samedi ou un dimanche (sur 11 jours légaux)
- 25 jours de congés payés

- Solde : 228 jours * 7 heures par jour = 1 596 heures, qui ont été arrondies à 1 600 heures par le législateur
- 1 600 heures auxquelles ont été rajoutées les 7 heures de la journée de solidarité (loi du 30 juin 2004)
- Soit un total de 1 600 + 7 = 1 607 heures annuelles

47 - comment sont calculés les 218 jours des forfaits jours des salariés autonomes ?

Le dispositif du forfait jours est réservé à certains salariés. Le décompte des 218 jours est fixé par le législateur.

Dispositif pour certains salariés

Il n'est pas possible de mettre en place une convention de forfait en jours avec tous les salariés, seuls certains salariés, que l'on peut qualifier d'« autonomes » peuvent se voir proposer ce dispositif.

Il est par ailleurs nécessaire d'avoir un accord collectif encadrant le dispositif et également une convention individuelle avec chaque salarié concerné.

Sont considérés comme autonomes :

- Les cadres qui disposent d'une autonomie dans l'organisation de leur emploi du temps et dont la nature des fonctions ne les conduit pas à suivre l'horaire collectif applicable au sein de l'atelier, du service ou de l'équipe auquel ils sont intégrés.
- Les salariés dont la durée du temps de travail ne peut être prédéterminée et qui disposent d'une réelle autonomie dans l'organisation de leur emploi du temps pour l'exercice des responsabilités qui leur sont confiées.

L'accord collectif fixe le nombre de jours de travail, et ce dans la limite de 218 jours par an.

Modalités du décompte des 218 jours

Le décompte des 218 jours s'explique par le raisonnement suivant :

On part des 365 jours calendaires annuels
- 104 samedis et dimanches
- 8 jours fériés ne tombant pas un samedi ou un dimanche (sur 11 jours légaux)
- 25 jours de congés payés

- Solde : 228 jours
- Duquel on retire 11 jours de repos
- Soit 217 jours auxquels ont été rajouté 1 jour au titre de la journée de solidarité (loi du 30 juin 2004)
- Soit un total de 217 + 1 = 218 jours annuels

Ce calcul est déterminé en retenant 8 jours fériés sur l'année. Le nombre de jours fériés ne tombant pas un samedi ou dimanche, peut être plus ou moins important, d'une année sur l'autre. Il y a des années favorables aux salariés, d'autres un peu moins !

En 2016, 3 jours fériés tombaient un samedi ou un dimanche, ce qui générait 10 jours de repos (voire 11 jours, si on tient compte de l'année bissextile et des 366 jours calendaires) pour parvenir aux 218 jours annuels de travail.

En 2015, seul un jour férié tombait un samedi ou un dimanche, ce qui générait 8 jours de repos.

En 2017, deux jours fériés tombent un samedi ou un dimanche, ce qui génère 9 jours de repos[30].

Ce nombre de jours à réaliser doit être adapté dans certains cas particuliers. Ainsi, en cas d'année incomplète (entrée ou sortie en cours d'exercice), le nombre de jours à réaliser doit être recalculé pour tenir compte du temps de présence réel du salarié.

De la même façon, en cas d'absence en cours d'exercice, les jours d'absence doivent être comptabilisés. Ainsi la Cour de cassation pose le principe de la non-récupération des absences maladie[31].

Le nombre de jours prévus au forfait est donc réduit d'une durée équivalente à l'absence.

À noter, cependant, que la pratique du recalcul du volume du forfait en cas de congés payés non pris, a été remise en cause par la Cour de cassation[32], même si cette décision concernait un accord d'aménagement du temps de travail en heures sur l'année.

30. On recalcule le nombre de jours à travailler sur l'année en retranchant les congés payés, les jours fériés et les jours de repos pour arriver aux 218 jours. Si les jours fériés tombent un samedi ou dimanche, ils ne sont pas déduits du nombre de jours à travailler, ils augmentent donc le nombre de jours de repos auquel à le droit le salarié pour respecter le seuil des 218 jours légaux de travail à effectuer sur l'année. Il faut recalculer les jours à effectuer en utilisant les paramètres de la diapositive n° 18.

31. Cass. Soc., 3 nov 2011, n° 10-18.762.

32. Cass. soc., 11 mai 2016.

48 - Un salarié dépasse les 218 jours de travail prévus par sa convention de forfait. Que se passe-t-il sur le bulletin de paie ?

Il est possible de dépasser le volume de jours prévus dans la convention. Ce dépassement doit cependant respecter certaines limites qui ont été posées par la loi du 20 août 2008.

Conditions à mettre en œuvre

Il faut tout d'abord un accord écrit entre l'employeur et le salarié, sous forme d'un avenant au contrat de travail. Cet accord doit être conclu l'année du dépassement. Il peut être renouvelé.

Il existe un nombre de jours maximal de travail à ne pas dépasser : celui-ci est fixé par l'accord collectif, à défaut ce nombre est de 235 jours maximum.

En cas de dépassement deux solutions sont alors possibles :
- Affectation des jours de repos non pris sur un compte épargne temps (si un tel compte a été mis en œuvre dans l'entreprise !).
- « Rachat » direct des jours de repos (à savoir le paiement au salarié). Ce paiement doit se faire sur une base majorée. L'avenant signé avec le salarié détermine le taux de majoration à appliquer, sans qu'il puisse être inférieur à 10 %[33].

La récupération du dépassement dans les trois premiers mois de l'exercice suivant n'est plus prévue par la loi, cela depuis le 20 août 2008.

33. *Article L. 3121-59 du Code du travail, disposition d'ordre public.*

L'essentiel

- Si le salarié à temps complet dépasse la durée légale du travail, l'employeur devra déclencher des heures supplémentaires.
- Si le salarié à temps partiel dépasse son horaire contractuel, l'employeur devra déclencher des heures complémentaires.
- Le recours et le traitement des heures supplémentaires et complémentaires sont encadrés par la loi. Le régime applicable aux heures complémentaires est beaucoup plus strict que celui des heures supplémentaires.
- Pour certains salariés, il est possible de décompter le temps de travail sur une base forfaitaire mensuelle, annuelle, voire pluriannuelle.

Chapitre 7

Les absences en paie

49 - Une absence doit-elle être valorisée en heures ou en jours ?

Pour les absences payées, l'employeur est libre de choisir l'unité de décompte des absences qu'il estime le plus adéquat et le plus pratique, pour la gestion des temps de ses salariés. Pour les absences non payées, la jurisprudence impose d'utiliser le décompte en heures ou jours réels du mois.

Liberté de choix pour les absences payées

Concernant les absences payées, il n'y a pas d'impératifs, cependant, il est plus judicieux d'utiliser l'unité de décompte qui servira à l'indemnisation.

Il existe différentes options possibles pour l'employeur, comme le présente le tableau ci-après.

Unités de décompte d'une absence

	Unité de décompte	Sur la semaine	Mode de décompte	Sur le mois
Heures	Heures	35	Réelles	133 à 161 heures
			Moyennes	151,67 heures
Jours	Jours ouvrés	5	Réels	19 à 23 jours
			Moyens	21,67 jours
	Jours ouvrables	6	Réels	24 à 27 jours
			Moyens	26 jours
	Jours calendaires	7	Réels	28 à 31 jours
			Moyens	30 jours

Ainsi, si les congés payés sont gérés en jours ouvrés ou en jours ouvrables, on utilisera la même notion pour l'absence. De même pour les absences maladie, du fait du paiement des indemnités journalières en jours calendaires, on valorise aussi souvent les absences en jours calendaires (réels ou moyens, en 30e). Pour les autres motifs d'absences payées les pratiques sont diverses.

Méthode imposée par la jurisprudence pour les absences non payées

Pour les absences non payées, la jurisprudence demande d'utiliser la notion d'heures ou de jours réels pour valoriser la retenue sur la rémunération du salarié. Cette méthode consiste à calculer un taux horaire (ou journalier) qui sera différent tous les mois, cela en fonction des heures (ou jours) qui sont réellement inscrites au calendrier du mois.

Mme Strawberry est embauchée le 14 juin 2017. Son salaire de base est de 2 500 €. Pour calculer son salaire du mois de juin, il faut procéder en heures réelles.

Heures réelles du mois de juin : 22 jours payés (21 jours ouvrés + lundi Pentecôte) x 7 heures de travail par jour = 154 heures réelles.

Taux horaire réel : 2 500/154 = 16,23 €/ heure

Salaire de juin :

Salaire de base : 2 500

Déduction entrée : 63 x 16,23 = 1 022,49

Salaire brut du mois : 1 477,51 €

Cette méthode est la seule reconnue par les juges, elle est donc fortement recommandée pour le calcul des absences non payées (entrées/sortie, absences non rémunérées, grève...).

Cette méthode présente cependant un inconvénient qui est de faire varier le taux horaire (ou journalier) d'un mois sur l'autre, en fonction du nombre de jours réellement travaillés au cours du mois. Ainsi, une absence sera plus pénalisante les mois courts (février) qu'un mois long (mars...). Ce qui peut générer des interrogations de la part des salariés.

50 - Toutes les absences doivent-elles être précisées sur le bulletin de paie ?

Il est impératif de valoriser sur le bulletin de paie, toutes les absences ayant un impact sur le brut, cela afin de valoriser correctement l'absence non payée. Cependant, certaines absences liées à des mentions interdites sur le bulletin ne doivent pas être indiquées sur le bulletin.

Cas des absences payées

Pour les absences payées, il n'est pas forcément obligatoire de les mentionner de façon explicite sur le bulletin de paie. Ainsi, en est-il des congés payés, qui s'ils sont payés sur la base du maintien de salaire, peuvent ne pas être valorisés à part sur le bulletin. Concernant, les congés payés, les dates de prise des congés doivent, par contre, obligatoirement être mentionnées sur le bulletin de paie, il s'agit d'une mention obligatoire.

Mentions interdites

Il existe également des mentions interdites sur le bulletin :
- L'exercice du droit de grève.
- La référence a une fonction de représentant du personnel.

Aussi, s'il est nécessaire de valoriser une absence liée à ces problématiques, il est impératif de le faire en utilisant un libellé neutre « absence autorisée non payée », sans en préciser le motif. Pour les salariés en forfait jours voir question 47.

51 - Peut-on effectuer une retenue sur salaire à titre de sanction disciplinaire ?

Il est possible d'effectuer une retenue sur salaire dans le cadre d'une mise à pied disciplinaire. Toute autre retenue qui serait effectuée à titre disciplinaire est strictement interdite.

Conditions de validité de la mise à pied disciplinaire

Pour que cette retenue, au titre de la mise à pied soit possible, il est nécessaire de respecter plusieurs conditions :
- La mise à pied disciplinaire doit avoir été prévue dans le règlement intérieur de l'entreprise, dans les sanctions disciplinaires.
- La mise à pied disciplinaire doit être encadrée :
  - Il est nécessaire de respecter la procédure disciplinaire (convocation à un entretien disciplinaire, notification de la sanction) ;
  - La mise à pied disciplinaire est limitée dans le temps, le règlement intérieur fixant la durée maximale pouvant être notifiée au salarié.

52 - Quel est l'impact de la mise à pied conservatoire ?

Il est important de ne pas confondre mise à pied disciplinaire (cf. question 51) et mise à pied conservatoire. La mise à pied conservatoire est une mesure d'attente, qui est prise lorsque des agissement graves sont découverts et reprochés à un salarié.

La mise à pied conservatoire permet d'éloigner de son poste de travail le salarié, en attendant de prononcer une sanction de façon définitive. La mise à pied conservatoire peut être notifiée oralement au salarié, puis confirmée par écrit, ou notifiée par écrit.

Situation du salarié en mise à pied conservatoire

Concernant la situation du salarié pendant la mise à pied conservatoire, le salarié se trouve en absence non payée (certains accords collectifs peuvent prévoir un maintien de la rémunération).

À l'issue de la mise à pied, lorsque la sanction définitive est prononcée, deux situations sont possibles :

- Le salarié est licencié pour faute grave ou lourde : la période de mise à pied demeure non payée.
- Le salarié n'est pas licencié pour faute grave ou lourde (licenciement pour cause réelle et sérieuse, ou absence de licenciement), dans ce cas, il faudra régulariser la situation du salarié et lui payer la période de suspension de son contrat.

Que faire si un salarié tombe malade lors d'une mise à pied ?

En matière de gestion administrative, un seul motif d'absence est recevable sur une même journée. Pour savoir quel motif d'absence prendre en compte, on tient compte du motif d'absence qui a été validé en premier. Ainsi, un salarié tombant malade, après avoir été mis à pied, sera considéré comme étant mis à pied, il sera donc indemnisé par l'employeur au titre de sa mise à pied (soit en absence non rémunérée) et non de sa maladie. Il n'y a pas de report de la période de mise à pied.

Le salarié peut cependant percevoir les indemnités journalières de la Sécurité sociale pendant sa mise à pied (à l'issue du délai de carence).

Une attestation salaire maladie est donc à réaliser par l'employeur pour le déclenchement du paiement des indemnités journalières de sécurité sociale.

53 - Un salarié en congés payés peut-il gagner plus que son salaire habituel ?

L'employeur dispose de deux façons d'indemniser les congés payés de ses salariés :

- La méthode du maintien de salaire (qui correspond au versement de la rémunération habituelle).
- La méthode du dixième de congés.

Les deux calculs doivent être faits afin de déterminer le plus favorable à verser au salarié. Aussi, si le dixième est plus avantageux, le salarié sera payé plus que son salaire habituel lorsqu'il prend ses congés payés.

Calcul du dixième

Le dixième de congés payés consiste au dixième du salaire de référence qui a été perçu par le salarié, pendant la période sur laquelle il a acquis ses congés payés (le 1er juin de l'année précédente au 31 mai de l'année en cours, au niveau légal)[34].

Pour le calcul du dixième, les éléments suivants sont à prendre en compte :

Éléments à prendre en compte	Éléments à exclure
• Salaire de base et accessoires du salaire de base • Primes représentant la contrepartie du travail effectif • Heures supplémentaires, complémentaires, de nuit, dimanches... • Avantages en nature si supprimé pendant les congés payés	• Primes exceptionnelles • Primes annuelles • Primes liées aux conditions de travail • Avantages en nature si les avantages sont maintenus pendant les congés payés

34. *Article L. 3141-24 du Code du travail, disposition d'ordre public.*

Le montant du dixième ainsi obtenu est à proratiser en fonction du nombre de jours de congés payés pris par rapport aux congés payés acquis sur la période, ce montant proratisé étant à comparer avec le montant obtenu avec le maintien de salaire. Le montant le plus élevé étant à verser au salarié, bien qu'en pratique, la méthode du dixième se révèle être plus favorable dans la majorité des cas. La situation dans laquelle le dixième est moins avantageux, concerne le salarié qui a bénéficié d'une augmentation de salaire, ou d'une augmentation de son temps de travail, dans les mois précédant les dates de congés. En dehors de ces cas, le dixième est toujours plus avantageux.

Mlle GreenYellow prend 15 jours ouvrables de congés au mois de juillet.

Son salaire est de 2 300 €, et une prime de polyvalence de 220 € versée tous les mois (cette prime est la contrepartie d'un travail effectif). Un treizième mois lui est versé en décembre, égal à un mois de salaire de base.

La salariée est présente sur tout l'exercice de référence. Elle a acquis la totalité de ses congés payés légaux (5 semaines, soit 30 jours ouvrables, ou 25 jours ouvrés).

Le calcul de l'indemnité de congés payés à lui verser est le suivant :

Méthode du maintien de salaire :

(2 300 + 220)/26 (jours ouvrables du mois, cf. question 97) x 15 jours de congés pris = 1 453,80

Méthode du dixième :

Salaire de référence perçu du 1er juin de l'année précédente au 31 mai de l'année en cours : 12 x (2 300 + 220) = 30 240

Le treizième mois ayant un caractère annuel, il est laissé de côté !

Montant indemnité méthode dixième : 1/10 x 30 240 x 15/30 = 1 512

La méthode du dixième est donc plus avantageuse : c'est donc ce montant qui sera payé au salarié. La présentation sur le bulletin de paie peut se faire de diverses façons (voir ci-contre).

1re présentation : l'indemnité congés payés englobe le dixième

Mlle GreenYellow

Congés payés du 3 au 20 juillet 2017

Libellés		À ajouter	À déduire
Salaire de base		2300	
Prime de polyvalence		220	
Absence congés payés	15 jours * 96,92		1453,8
Indemnité de congés payés		1512	
Total brut		2578,2	
Cotisations et contributions sociales	*Base*	*Taux salarial*	*Part salarié*
Santé			
Sécurité sociale-Maladie-Maternité-Invalidité-Décès	2578,2	0,75%	19,34
Retraite			
Sécurité sociale plafonnée	2578,2	6,90%	177,9
Sécurité sociale déplafonnée	2578,2	0,40%	10,31
Complémentaire Tranche 1	2578,2	3,90%	100,55
Assurance Chômage	2578,2	2,40%	61,88
CSG non imposable à l'impôt sur le revenu	2533,08	5,10%	129,19
CSG/CRDS imposable à l'impôt sur le revenu	2533,08	2,90%	73,46
Total			**572,63**
Net fiscal		2079,03	
Net à payer		2005,57	

extrait de bulletin de paie

2e présentation : le dixième est mentionné à part

Mlle GreenYellow

Congés payés du 3 au 20 juillet 2017

Libellés		À ajouter	À déduire
Salaire de base		2300	
Prime de polyvalence		220	
Absence congés payés	15 jours * 96,92		1453,8
Indemnité de congés payés		1453,8	
Régularisation du 1/10 de congés payés		58,2	
Total brut		2578,2	
Cotisations et contributions sociales	*Base*	*Taux salarial*	*Part salarié*
Santé			
Sécurité sociale-Maladie-Maternité-Invalidité-Décès	2578,2	0,75%	19,34
Retraite			
Sécurité sociale plafonnée	2578,2	6,90%	177,9
Sécurité sociale déplafonnée	2578,2	0,40%	10,31
Complémentaire Tranche 1	2578,2	3,90%	100,55
Assurance Chômage	2578,2	2,40%	61,88
CSG non imposable à l'impôt sur le revenu	2533,08	5,10%	129,19
CSG/CRDS imposable à l'impôt sur le revenu	2533,08	2,90%	73,46
Total			**572,63**
Net fiscal		2079,03	
Net à payer		2005,57	

extrait de bulletin de paie

54 - Un salarié malade doit-il obligatoirement bénéficier d'un maintien de son salaire ?

En cas d'absence pour maladie, la loi prévoit un maintien de salaire sous certaines conditions, pour les salariés mensualisés.

Les conventions et accords collectifs peuvent également prévoir d'autres dispositions plus favorables pour les salariés.

Maintien de salaire maladie prévu par la loi

Au niveau légal, le salarié malade aura le droit au maintien de sa rémunération sous certaines conditions :

- Avoir informé son employeur de sa maladie et lui avoir envoyé un arrêt de travail.
- Avoir envoyé à la caisse primaire d'assurance maladie les volets de son arrêt de travail.
- Avoir au moins un an d'ancienneté dans l'entreprise[35].

Dans ce cas, le salarié, à partir d'un an d'ancienneté aura le droit au maintien de sa rémunération brute pendant 30 jours à hauteur de 90 %, puis à 66,66 % de son salaire brut pendant les 30 jours suivants. Ces tranches étant majorées de 10 jours par tranche d'ancienneté de 5 ans.

Ce maintien de salaire intervenant après un délai de carence de 7 jours (ne confondez pas avec la carence de 3 jours appliquée par la CPAM pour le versement des indemnités journalières de maladie).

Cf. question 79 présentant le tableau du maintien de salaire maladie et une illustration de bulletin de paie dans le cas d'un salarié malade.

35. *Article L. 1226-1 du Code du travail.*

L'essentiel

- Il existe différents modes de valorisation des absences en paie. Pour les absences non rémunérées, la jurisprudence demande d'utiliser les heures (ou jours) réels du mois.
- En cas de faute du salarié, une mise à pied disciplinaire peut lui être notifiée. La mise à pied disciplinaire est à distinguer de la mise à pied conservatoire.
- Lors de la prise de congés payés, le salarié est indemnisé selon la méthode la plus avantageuse (pour le salarié !) entre le maintien de salaire et la règle du dixième.
- En cas de maladie, un salarié peut percevoir un maintien de salaire sous différentes conditions.

Chapitre 8

Cotisations, contributions et prélèvements divers

55 - Pourquoi toutes ces cotisations ?

Le bulletin de paie français dénombre de multiples lignes de cotisations. Les différentes tentatives de simplification du bulletin n'y ont pas changé grand-chose jusqu'à présent.

Différentes tentatives de simplification du bulletin

Le bulletin de paie en France détient la palme de la complexité. Ainsi, un rapport de M. Sciberras sur la « clarification » du bulletin de paie du 27 juillet 2015, fait état du nombre de lignes moyen présent sur les bulletins de paie d'un groupe industriel. En France on est à 40 lignes, alors qu'en Grande-Bretagne on compte 16 lignes, et 12 au Japon.

Ainsi, selon ce rapport le bulletin de paie en France cumule des facteurs de complexité, qui proviennent à la fois de l'entreprise et du système de protection sociale.

Face à cette complexité, de nombreuses initiatives de simplification du bulletin de paie ont vu le jour, cela avec un succès assez relatif.

Regroupement possible des lignes de cotisations en 2005

Une circulaire du 30 juin 2005 propose de simplifier le bulletin et sa présentation en regroupant les lignes de cotisations par organisme collecteur (possibilité de cumuler dans un seul taux les cotisations ayant une assiette identique). De la même façon les charges patronales peuvent ne plus être mentionnées sur chaque bulletin. Cependant cette circulaire impose un récapitulatif détaillé au salarié annuel présentant les cotisations salariales et patronales (en explicitant les assiettes, taux et montant). Du fait de la difficulté de réaliser ce récapitulatif, le succès de la mesure est très modeste !

Le bulletin électronique de 2009

La loi de simplification du droit du 12 mai 2009 propose la possibilité de remise du bulletin sous format électronique (cf. question 3).

Simplification et clarification du bulletin de paie

Une nouvelle loi de simplification du droit du 22 mars 2012 propose une nouvelle étape en renvoyant aux conventions collectives et accords professionnels la responsabilité de négocier les modalités d'une harmonisation pour parvenir à une définition unique pour le calcul des assiettes de cotisations, contributions et droits à prestations. La date butoir fixée était fixée au 1er janvier 2015, mais on attend toujours !

Le rapport de M. Sciberras a servi de base à l'élaboration d'un décret et arrêté du 25 février 2016 sur la clarification du bulletin de paie. Ainsi en 2017 pour les entreprises d'au moins 300 salariés (2018, pour les autres entreprises) une nouvelle présentation des lignes de cotisations entre en application. Cela permettra, certes, de faciliter la comparaison des bulletins de paie entre deux entreprises, mais en ce qui concerne la simplification des règles de calcul, des assiettes, des taux, rien n'est pris en compte.

56 - Quelle différence entre une cotisation et une contribution ?

Cotisation et contribution sont deux prélèvements effectués en paie, qui renvoient à des logiques différentes.

Principe d'une cotisation

Une cotisation sert au financement d'un risque défini. Il s'agit d'un principe de base du fonctionnement de notre système de protection sociale qui est financé par des cotisations négociées de façon tripartite entre l'État et les représentants des employeurs et des salariés.

Il n'y a pas de compensation possible d'une caisse à l'autre, chaque caisse ayant son autonomie financière et de gestion.

Principe d'une contribution

Par opposition, une contribution a un caractère fiscal. Elle n'est pas affectée au financement d'un risque spécifique, mais est affectée au budget de l'organisme.

Ainsi, différentes contributions ont vu le jour ces dernières années : la CSG en 1991, la CDRS en 1996, le forfait social en 2009. Ces contributions, qui initialement avaient un caractère temporaire, ont une fâcheuse tendance à perdurer et même à augmenter d'année en année !

Illustration : le forfait social

Le forfait social est initialement créé en 2009 au taux de 2 %. Cette contribution patronale (versée à l'URSSAF) concerne les sommes exonérées de cotisations, mais assujetties à la CSG/CRDS. Ainsi, sont notamment visées : les sommes versées dans le cadre de l'épargne salariale, les cotisations de retraite supplémentaire et la prévoyance.

Son taux a connu une belle progression (et son assiette) est passé à 4 % en 2010, 6 % en 2011, 8 % en 2012, avant de se dissocier en août 2012 :

- taux de 20 % dans le cas général ;
- le taux de 8 % demeurant pour les cotisations patronales de prévoyance pour les employeurs de 10 et plus (simplification quand tu nous tiens !).

57 - Doit-on obligatoirement cotiser à l'URSSAF ?

Tous les employeurs relevant du régime général employant des salariés de droit privé sur le territoire français sont tenus d'affilier leurs salariés à l'URSSAF.

Cette affiliation obligatoire est une disposition d'ordre public, à laquelle il est impossible de déroger. La souscription d'une assurance privée pour se couvrir contre les risques pris en charge par la Sécurité sociale ne peut être qu'une couverture complémentaire.

Il existe des situations spécifiques : les salariés ne relevant pas du régime général.

Certaines activités ne relèvent pas du régime général de Sécurité sociale, mais sont rattachées à un régime spécifique de Sécurité sociale. Cela concerne, par exemple, les salariés agricoles qui relèvent de la MSA (Mutualité sociale agricole), les entreprises à statut disposant de leur caisse de Sécurité sociale : RATP, Banque de France, les industries électriques et gazières, le Sénat, les Mines, l'Assemblée nationale, l'Opéra de Paris, la Comédie-Française, ou le Port Autonome de Bordeaux, les clercs et employés de notaire, la chambre de commerce et d'industrie de Paris, les marins.

Autant de particularités liées à l'histoire, qui malgré le caractère « général » du régime de Sécurité sociale, consacré par les ordonnances de 1945, illustre notre prédisposition à multiplier les spécificités et les cas particuliers !

Autre cas particulier et très épineux : les salariés détachés !

Deux situations sont à prendre en compte :

- les salariés détachés sur le territoire français ;
- le détachement par une entreprise située en France de salariés à l'étranger.

Dans ces situations, il faut rechercher l'existence d'un accord bilatéral de Sécurité sociale avec le pays qui lie le salarié. Cet accord précise à quelle caisse le salarié sera à affiler (pays d'origine ou pays d'accueil).

58 - Doit-on obligatoirement cotiser à Pôle emploi ?

Tous les salariés de droit privé relèvent du régime de l'assurance chômage. L'employeur a donc l'obligation de déclencher les cotisations d'assurance chômage sur leur rémunération.

Cas particuliers à noter

Les salariés de 65 ans et plus.

Ces salariés sont exclus du bénéfice des allocations chômage. Jusqu'à fin juin 2014, cette exclusion leur faisait bénéficier d'une exonération de cotisations. Depuis le 1er juillet 2014, un mécanisme de solidarité a été mis en place. Ainsi, en vertu de ce principe de solidarité, on déclenche une cotisation d'assurance chômage classique sur le bulletin, même si cette cotisation est « non contributive » et ne génère aucun droit à une éventuelle prise en charge par Pôle emploi.

Personnes non titulaires d'un contrat de travail

Il s'agit essentiellement des stagiaires et des mandataires sociaux (dirigeants de société). Ainsi un stagiaire, s'il perçoit une gratification de stage qui dépasse la franchise de cotisations (cf. question 24) devra payer des cotisations URSSAF sur ce dépassement mais les autres cotisations (Pôle emploi et retraite complémentaire) ne sont pas dues.

Concernant les mandataires sociaux, la rémunération afférente au mandat social est toujours non assujettie aux cotisations Pôle emploi. Par contre, un mandataire social peut cumuler un contrat de travail avec son mandat. La rémunération afférente au contrat doit être distinguée de celle du mandat. La rémunération du contrat de travail peut relever du régime d'assurance chômage. Il importe d'interroger Pôle emploi sur la validité du lien de subordination existant pour ce contrat de travail, en relation avec les fonctions de mandataire exercées par ailleurs dans la même société. Pour cela divers critères sont pris en compte par Pôle emploi :

- la forme juridique de la société ;
- les fonctions exercées en tant que salarié ;
- le nombre de part détenues dans le capital de la société.

Cette question est importante : la reconnaissance du lien de subordination est importante pour le dirigeant. En cas de reconnaissance, le dirigeant devra cotiser à Pôle emploi et il bénéficiera de la prise en charge en cas de perte involontaire d'emploi. En cas de non-reconnaissance, les cotisations ne seront pas à déclencher, par contre le dirigeant ne bénéficiera d'aucune prise en charge en cas de rupture de son contrat. Des assurances privées peuvent cependant être souscrites afin de se prémunir contre le risque de perte d'emploi auprès de la GSC (garantie sociale des dirigeants et chefs d'entreprise), les assureurs proposent également des garanties perte d'emploi (APRIL, AXA...).

Autre cas particulier : les entreprises publiques ou parapubliques

Dans ces entreprises, les employeurs ont la possibilité d'opter pour un régime d'auto-assurance en matière d'assurance chômage. Cela signifie que les cotisations chômage ne seront pas déclenchées sur les salaires. Néanmoins en cas de perte involontaire d'emploi, les allocations chômage seront payées directement par l'employeur à ses anciens salariés. Les modalités d'indemnisation sont identiques à celles existant dans la convention d'assurance chômage générale.

59 - Dois-je obligatoirement cotiser à la mutuelle ?

Depuis le 1er janvier 2016, l'ensemble des employeurs de droit privé ont l'obligation d'affilier leurs salariés à un régime frais de santé (à savoir une mutuelle !) devant respecter différents critères. Cette affiliation est obligatoire mais il existe de nombreuses dispenses d'affiliation.

Ce régime frais de santé pour être conforme doit respecter les conditions suivantes :

- être collectif (l'ensemble des salariés doivent être couverts) ;
- être responsable (respect du cahier des charges des contrats responsables) ;
- respecter le panier minimal de soin ;
- être obligatoire (obligation d'adhésion pour les salariés)[36].

Nouvelles dispenses d'affiliation au 1er janvier 2016

Ce caractère obligatoire est cependant à nuancer. En effet, différentes dispenses d'affiliation sont cependant possibles. Un décret du 30 décembre 2015 fixe les règles concernant ces dispenses.

Il existe d'une part des dispenses d'affiliation prévues par la loi. Elles s'appliquent dans toutes les entreprises, indépendamment de ce qui est prévu dans les dispositions du contrat mis en œuvre.

Dispenses d'affiliation prévues par la loi

Il s'agit des cas suivants :

- Dispense d'affiliation loi Evin : concerne les salariés présents lors de l'entrée en vigueur du contrat, si la mutuelle a été instituée par une décision unilatérale de l'employeur. Dans ce cas, le salarié peut refuser son affiliation, ce refus vaut pour toute la durée de son contrat, aucun justificatif n'est à demander au salarié.
- Dispense d'affiliation pour les salariés pris en charge au titre de la CMU-complémentaire ou de l'ACS. Cette dispense joue pendant la durée pendant laquelle le salarié continue à être pris en charge par ce dispositif.
- Couverture à titre individuel : concerne les nouveaux salariés bénéficiant d'un contrat individuel frais de santé lors de leur embauche. Cette dispense cesse lors de l'échéance annuelle du contrat.

36. Article L. 911-7 du Code de la Sécurité sociale.

- Couverture personnelle : cette dispense peut concerner tous les salariés de l'entreprise, et pas seulement les nouveaux salariés. Bénéficient d'une couverture personnelle les multi-employeurs, qui seront affiliés chez chacun de leurs différents employeurs. Dans ce cas, le salarié choisit la mutuelle qu'il souhaite conserver et demande une dispense d'affiliation auprès des autres employeurs. La couverture personnelle concerne également les ayants droit, à savoir les salariés qui sont couverts par la mutuelle de leur conjoint - ou de leurs parents. Pour bénéficier de la dispense, la prise en charge doit être obligatoire, ce qui n'est cependant que rarement le cas, dans la plupart des contrats, la prise en charge des ayants droit a un caractère facultatif. Peuvent également bénéficier de cette dispense les salariés qui sont couverts (à titre personnel ou en tant qu'ayant droit) par un des régimes suivants : régime local d'assurance maladie d'Alsace Moselle, régime complémentaire d'assurance maladie des industries électriques et gazières, mutuelles des Fonctions publiques, contrat d'assurance dit « loi Madelin » pour les travailleurs indépendants, régime spécial des gens de mers et caisse de prévoyance de la SNCF.
- Contrats à durée déterminée et intérimaires bénéficiant d'une couverture frais de santé de moins de trois mois. Dans le cas d'un contrat durée déterminée de courte durée, le salarié qui atteste d'une couverture frais de santé individuelle, peut bénéficier d'une dispense d'affiliation.

Attention, en plus d'être dispensé d'affiliation le salarié devra bénéficier d'un versement santé (voir question 61).

Ceci ne vaut que pour le dernier cas de dispense, les contrats à durée déterminés et intérimaires bénéficiant d'une couverture frais de santé de moins de trois mois.

Dispenses d'affiliation prévues par le régime

À la différence des dispenses de droit, ces dispenses, pour être valables, doivent avoir été prévues dans l'acte juridique qui institue la mutuelle dans l'entreprise (accord collectif, ratification majoritaire des salariés ou décision unilatérale de l'employeur).

Les dispenses sont les suivantes :

- Contrat à durée déterminée de moins de douze mois. La dispense peut être mise en œuvre sans conditions particulières.
- Contrat à durée déterminée de plus de douze mois : la dispense est possible, uniquement si le salarié atteste bénéficier d'une couverture frais de santé individuelle.

- Temps partiel et apprentis dont le montant de la cotisation frais de santé représente au moins 10 % de leur salaire brut.
- Salariés présents lors de l'entrée en vigueur de la mutuelle mise en place par décision unilatérale, et comportant un financement intégralement patronal. La différence avec la dispense loi Evin vue plus haut est que le financement est ici intégralement pris en charge par l'employeur. Dans ce cas, la dispense, pour être possible, doit avoir été prévue dans l'acte juridique.

Mise en œuvre de la dispense

Ainsi, il existe différents cas de dispense d'affiliation possibles. Pas facile, pour le salarié et son employeur de se retrouver dans ce maquis. La confusion entre les différentes dispenses est fréquente, les attestations à réclamer au salarié ne sont pas les mêmes et la mise en œuvre risque de ne pas être correcte !

La mise en œuvre de la dispense suppose que le salarié en fasse la demande lors de son embauche, ou lors d'un changement de situation personnelle. Pour cela, il doit remplir une attestation indiquant dans quelle situation il se trouve, et en précisant le dispositif de dispense dont il souhaite bénéficier.

60 - Suis-je toujours couvert par la mutuelle de l'entreprise pendant un congé parental ?

Contrairement à ce que pensent beaucoup de salariés, la prise en charge par la mutuelle n'est pas garantie pendant toute la durée de votre contrat de travail. Il ne suffit pas d'être salarié de l'entreprise pour être couvert ! Dans différentes situations de suspension du contrat de travail, le maintien des garanties n'est pas systématique.

Mutuelle et suspension du contrat de travail

Ainsi, en cas de suspension du contrat non rémunéré, l'employeur n'a pas l'obligation de maintenir les garanties prévoyance de ses salariés.

Certains contrats prévoient une prise en charge qui continue à être partagée entre l'employeur et le salarié. Les cotisations sociales salariales qui financent la mutuelle devront être réglées directement par le salarié.

D'autres contrats prévoient le maintien de la garantie mais avec un financement qui sera intégralement à la charge du salarié. Dans ce cas, le salarié devra également payer les cotisations (salariales et patronales qui seront à sa charge).

Enfin, certains contrats ne prévoient rien du tout. Le salarié ne se voit prélever aucune cotisation, et ne bénéficie pas de prise en charge frais de santé.

Il est donc judicieux de se renseigner avant une longue absence de votre situation, afin de compléter une couverture santé, par un contrat personnel, en cas d'absence de maintien de garantie.

Cette situation concerne tous les cas de suspension du contrat non rémunéré. Il importe de se renseigner dans le cas d'un congé parental à temps complet, mais également d'un congé sans solde, congé création d'entreprise, congé de solidarité internationale...

61 - Je suis en CDD de moins de trois mois : dois-je bénéficier d'un versement santé ?

La loi de financement de la Sécurité sociale pour 2016, institue,depuis le 1er janvier 2016, un versement santé pour les CDD bénéficiant d'une couverture frais de santé de moins de trois mois.

Ce dispositif est entré en application au 1er juillet 2016 en Alsace-Moselle.

Chèque santé sous conditions

Ce versement est effectué sous deux conditions :

- Vous bénéficiez d'une couverture frais de santé inférieure à trois mois.

  Pour ce calcul, on tient compte, non pas de la durée de votre contrat, mais de la période pendant laquelle vous êtes couvert par le contrat. Ces deux durées ne sont pas forcément identiques, la prise en charge par la mutuelle pouvant intervenir qu'au début du mois suivant le démarrage du contrat par exemple !

- Vous attestez bénéficier d'une couverture frais de santé personnelle. La couverture doit être effective pendant la durée du contrat de travail. La couverture doit respecter les conditions du « contrat responsable ». Pour ouvrir droit au chèque santé, le salarié ne peut pas être couvert par ailleurs au titre de la CMU-C ou de l'ACS, d'une couverture collective et obligatoire, y compris en tant qu'ayant-droit, ou d'une couverture complémentaire donnant lieu à la participation financière d'une collectivité publique.

Dans ce cas, vous devez bénéficier d'un versement santé. Ce versement santé correspond à la cotisation patronale frais de santé de votre catégorie, proratisée en fonction de vos heures de travail, et majorée d'un coefficient de 125 % pour compenser la portabilité (qui de ce fait ne vous sera pas proposée par votre employeur).

Versement santé - modalités de calcul

Cotisation patronale mutuelle de la catégorie * (Nombre d'heures Rémunérées / 151H67) * Coefficient majoration 125% = Montant Versement santé

Traitement paie du versement santé

Ce versement suit le régime social des cotisations de prévoyance. Il est donc assujetti à la CSG/CRDS au taux de 8 %, ainsi qu'au forfait social prévoyance (8 % également) si l'entreprise a plus de 11 salariés.

Mlle Mulberry, est en contrat à durée déterminée. Sa couverture frais de santé est de deux mois. Elle bénéficie d'une prise en charge frais de santé au titre de la mutuelle de ses parents.

La cotisation de mutuelle de l'entreprise est la suivante : montant salarial 34 €, montant patronal 43 €. La salariée a effectué 140 heures au cours du mois.

Montant du versement santé brut :

43 x (140 heures/151 h 67) x 125 % = 49,61 €

Montant net : 45,64 € (déduction de 3,97 € de CSG/CRDS).

62 - À quoi servent la CSG et la CRDS ? Comment calculer leur assiette ?

Ces contributions ont vu le jour il y a quelques années, elles servent à compenser le déficit du régime général de Sécurité sociale.

CSG

La contribution sociale généralisée a vu le jour par la loi de finances de 1991, pour les revenus versés à partir du 1er janvier 1990.

Cette contribution est un impôt qui a pour objet le financement de la protection sociale. La raison de la création de cette contribution est de diversifier le mode de financement de la protection sociale, qui avant cet impôt reposait exclusivement sur les cotisations sociales. En effet, la base de calcul de la CSG est beaucoup plus large que les salaires. Le montant des contributions prélevées par la CSG est important, il représente aujourd'hui un montant supérieur au montant collecté pour l'impôt sur le revenu. Les recettes de la CSG sont affectées au budget de la Sécurité sociale et servent à financer les différentes branches de l'organisme.

CRDS

La contribution au remboursement de la dette sociale est plus récente que la CSG. Le produit de la CRDS est affecté exclusivement à la Caisse d'amortissement de la dette sociale (CADES) qui a pour objectif « d'éteindre » la dette de la Sécurité sociale. Cette contribution, créée en 1996, était présentée comme une contribution temporaire, conçue à l'origine pour une période de cinq ans. Mais vu le succès du dispositif, la date de fin a été repoussée à plusieurs reprises, avant de passer à la trappe : on ne change un dispositif qui permet de rapporter 6,6 milliards d'euros !

La CSG et la CRDS ont la nature de contribution sociale à caractère fiscal. Ce qui fait, que les non-résidents fiscaux français (détachés, expatriés, frontaliers travaillant en France, mais résidant à l'étranger) peuvent ne pas être assujettis à ces contributions à caractère fiscal. La notion de domicile fiscal s'apprécie au regard de conventions fiscales internationales applicables, ou à défaut au regard du Code général des impôts.

Ce qui fait cependant 8 % de contributions salariales économisées. Néanmoins, pour leur rappeler le sens des réalités fiscales, ce non-déclenchement est compensé par une cotisation salariale d'assurance maladie majorée (au taux de 5,5 % au lieu de 0,75 %). On ne peut pas gagner sur tous les tableaux !

Actuellement, les taux de CSG sont les suivants :

- sur les revenus d'activité : 7,5 % ;
- sur ces 7,5 %, on distingue les 5,1 % qui sont non imposables à l'impôt sur le revenu et les 2,4 % qui sont imposables à l'impôt sur le revenu (cf. question 74) ;
- 6,20 % sur les revenus du chômage et indemnités journalières de Sécurité sociale ;
- 6,60 % sur les pensions de retraite (des taux réduits, ou une exonération est possible en fonction du revenu fiscal de référence) ;
- 8,20 % sur les revenus du patrimoine et placements ;
- 9,50 % sommes liées aux jeux.

Pour la CRDS, le taux est 0,5 %. La contribution est également non déductible du revenu imposable.

Comment est calculée l'assiette de la CSG/CRDS ?

L'objectif de la CSG et de la CRDS était de diversifier les modes de financement de la protection sociale en élargissant la base de calcul de ces contributions. Ainsi, outre les salaires versés aux salariés, sont également pris en compte dans la base de calcul les éléments suivants :

- les revenus d'activité (salaire et participation intéressement) ;
- les revenus du capital (patrimoine et placement) ;
- les revenus du jeu ;
- les revenus de remplacement (retraite, chômage, indemnités journalières de Sécurité sociale).

Le périmètre de la CRDS est en plus large que celui de la CSG car il inclut également :

- les prestations familiales ;
- les aides personnelles au logement ;
- les ventes de métaux précieux et d'objet d'art.

Application d'un abattement d'assiette

Pour un salarié, le calcul de son assiette CSG/CRDS s'effectue en tenant compte de deux éléments :

- Éléments rentrant dans l'assiette et bénéficiant d'un abattement de 1,75 % pour frais professionnels. Cet abattement se calcule sur une assiette limitée à quatre plafonds de Sécurité sociale. Une fois ce plafond épuisé, la CSG/CRDS se calcule sans abattement.
- Salaires bruts, y compris les avantages en nature, et les primes attachées au salaire.

Éléments exclus de l'abattement :

- contributions patronales de retraite supplémentaire et de prévoyance complémentaire ;
- intéressement ;
- participation ;
- abondement de l'employeur à un plan épargne entreprise ou plan épargne retraite complémentaire ;
- avantages liés aux stock-options ou attribution gratuite d'actions ;
- les indemnités de rupture du contrat de travail qui entrent dans l'assiette de la CSG/CRDS.

M. Cornflower bénéficie des éléments de rémunération suivants :

Un salaire de base de 4 500 €.

Une voiture de fonction (avantage en nature de 450 €).

Une prime de productivité de 340 €.

Il bénéficie d'une mutuelle, la cotisation est de 95 € (financée par le salarié pour 30 € et par l'employeur pour 65 €).

Quel est son assiette CSG/CRDS ?

Éléments bénéficiant de l'abattement :

Salaire de base : 4 500

+ avantage en nature voiture : 450

+ prime de productivité : 340

Total : 5 290 € (ce montant est inférieur à 4 plafonds de Sécurité sociale (cf. question 69), il ouvre droit en totalité à l'abattement).

Abattement : 5 290 x 1,75 % = 92,58

Montant abattu base CSG/CRDS = 5 197,42

Éléments ne bénéficiant pas de l'abattement :

Cotisation patronale de frais de santé (mutuelle) : 65

Montant non abattu base CSG/CRDS : 65

Total base CSG/CRDS : 5 197,42 + 65 = 5 262,42

63 - À quoi sert le FNAL ? Quelle est la différence avec l'effort construction ?

Tous les employeurs doivent verser aux URSSAF une cotisation destinée au Fonds national d'aide au logement (FNAL). L'effort construction est une charge fiscale servant à financer des actions en faveur du logement.

Assiette et taux de la cotisation FNAL

Le taux de cette cotisation est de 0,10 % des salaires plafonnés pour les employeurs de moins de 20 salariés, et 0,50 % des salaires totaux pour les employeurs employant 20 salariés et plus.

Concernant le franchissement des seuils d'effectif, des lois de « lissage » permettent de ne pas déclencher dès l'année du franchissement du seuil le nouveau taux à 0,50 %, la transition se fait de façon progressive, étalée sur plusieurs années.

Le FNAL est un fonds qui centralise les dépenses et les recettes de l'allocation au logement. Il est alimenté par une contribution de l'État et notre cotisation patronale qui sont reversées aux caisses d'allocations familiales pour le financement des allocations logement.

Il ne faut pas confondre le FNAL et l'effort construction ou 1 % logement.

À quoi sert l'effort construction ?

La participation à l'effort construction impose aux employeurs de 20 salariés et plus de consacrer 0,45 % de leur masse salariale à différents investissements au titre de l'effort construction (qu'on appelle également à tort, le « 1 % logement »).

Ces investissements peuvent être faits à des organismes collecteurs agréés, les comités interprofessionnels du logement (CIL), organismes d'HLM, société d'économie mixte de logements sociaux. Il est également possible d'accorder à ses salariés des prêts à taux réduits pour le financement de la construction de leur résidence principale.

Les salariés peuvent contacter leur CIL, auprès duquel leur employeur a effectué des versements. Ceux-ci sont susceptibles de leur offrir des aides pour la location (dispositif Visale ou Locapass), des prêts pour l'accession à la propriété ou le financement de travaux (agrandissement, rénovation énergétique, amélioration résidence principale...). Des aides ou des prêts pour les salariés en mobilité professionnelle sont également prévus.

64 - Quels sont les taux des cotisations chômage ?

Les cotisations chômage regroupent les cotisations servant à financer Pôle emploi, ainsi que l'AGS.

Taux des cotisations chômage dans le cas général

Les cotisations chômage servent à financer les allocations chômage versées par Pôle Emploi. Les taux actuels sont les suivants :

- Cas général :
  - Part salariale : 2,4 %.
  - Part patronale : 4 %.
- Cas particuliers :
  - Contrats courts : une majoration de la cotisation patronale est déclenchée.
  - Contrat à durée déterminée pour surcroît d'activité d'au maximum un mois : majoration patronale de 3 %, soit un taux global de 4 + 3 soit 7 %.
  - Contrat à durée déterminée pour surcroît d'activité de plus d'un mois et jusqu'à trois mois : majoration patronale de 1,5 %, soit un taux global de 4 + 1,5 soit 5,5 %.
  - Contrat à durée déterminée d'usage d'une durée inférieure ou égale à 3 mois : majoration patronale de 0,5 %, soit un taux global de 4 + 0,5 soit 4,5 %.
  - Intermittents du spectacle : bénéficiant d'un régime d'indemnisation spécifique, leurs cotisations sont différentes :
    - Part salariale : 4,8 %.
    - Part patronale : 8 %.
    - Les majorations contrats courts leur sont également applicables, le cas échéant.

Ces taux de cotisations sont définis par les partenaires sociaux, par des conventions d'assurance chômage qui sont renégociées, en principe, tous les deux ans. La dernière convention d'assurance chômage date du 14 mai 2014. Un décret en date du 29 juin 2016 proroge la convention en attendant la signature d'une nouvelle convention par les partenaires sociaux.

Tous les salariés titulaires d'un contrat de travail sont concernés par les cotisations chômage

Tous les salariés, titulaires d'un contrat de travail ont l'obligation de cotiser à l'assurance chômage. Il existe cependant certains cas particuliers (cf. question 58).

Il existe également une exonération patronale de la cotisation chômage en cas d'embauche en contrat à durée indéterminée d'un jeune de moins de 26 ans. Cette exonération se déclenche sur les 3 mois suivant la fin de la période d'essai (durée portée à 4 mois pour les entreprises de moins de 50 salariés).

65 - À quoi servent l'AGS et l'AGFF ?

L'AGS est une cotisation gérée par délégation par l'assurance chômage. L'AGFF concerne les caisses de retraite complémentaires.

AGS

L'association pour la gestion des garanties de créances des salariés (AGS) permet de financer le système de garantie des créances salariales. L'employeur est tenu d'assurer ses salariés à l'AGS en versant une cotisation patronale spécifique, au taux de 0,20 % (le taux a été diminué au 1er janvier 2017).

En cas de défaillance de l'entreprise (procédure de sauvegarde, liquidation, redressement), l'AGS garantit les salariés du paiement de leurs :

- salaires ;
- indemnités de préavis ;
- indemnités de rupture ;
- intéressement et participation ;
- dispositions de plan sociaux résultant de stipulations légales et conventionnelles.

Le montant garanti par l'AGS est cependant limité à un plafond qui est déterminé en fonction de l'ancienneté du salarié (de 16 à 24 plafonds mensuels de Sécurité sociale).

Le conseil d'administration de l'AGS se réunit plusieurs fois par an pour décider de l'évolution de ce taux de cotisation qui tient compte de la conjoncture économique (qui impacte le nombre d'entreprises susceptibles de connaître des défaillances et des réserves de l'AGS).

Ce système est valable pour tous les salariés titulaires d'un contrat de travail (les mandataires sociaux, les stagiaires en sont donc exclus).

Tout employeur de droit privé est assujetti à ce régime, quel que soit le statut. Sont exclus du régime :
- les personnes morales de droit public ;
- les syndicats de copropriété ;
- les particuliers employeurs.

Les salariés sont dispensés d'effectuer les démarches auprès de l'AGS. C'est le mandataire judiciaire nommé lors de l'ouverture de la procédure collective, qui sollicite l'AGS en établissant un relevé des créances soumis pour validation au juge-commissaire.

À quoi sert l'AGFF ?

L'association pour la gestion du fonds de financement de l'AGIRC et de l'ARRCO assure le financement des retraites complémentaires. Cette structure permet de financer l'alignement des conditions de départ à la retraite des régimes complémentaires (l'âge d'obtention du taux plein est de 65 ou 67 ans en fonction de l'année de naissance) et du régime de base qui prévoit un âge de départ à la retraite dès 62 ans (sous conditions de durée d'assurance) ou dans certains cas avant 62 ans (carrière longue et assurés handicapés).

L'AGFF a été créée en 2001 (accord sur les retraites complémentaires du 10 février 2001), l'AGFF s'est subtituée à l'ASF instituée en 1983, date à laquelle l'âge de la retraite a été abaissé de 65 à 60 ans.

Le mécanisme de l'AGFF a été reconduit jusqu'au 31 décembre 2018 (accord sur les retraites complémentaires du 18 mars 2011). Il fait l'objet de négociations, dans le cadre de la fusion des régimes ARRCO et AGIRC à compter de 2019, afin de prévoir son évolution et ses modalités de fonctionnement dans ce nouveau cadre.

Les cotisations actuelles[37] servant à financer l'AGFF sont les suivantes :

Salariés	Assiette	Part salariale	Part patronale
Cadres	Tranche A (de 0 à 1 plafond)	0,80 %	1,20 %
	Tranche B (de 1 à 4 plafonds)	0,90 %	1,30 %
	Tranche C (de 4 à 8 plafonds)	0,90 %	1,30 %
Non cadres	Tranche 1 (de 0 à 1 plafond)	0,80 %	1,20 %
	Tranche 2 (de 1 à 3 plafonds)	0,90 %	1,30 %

66 - À quoi servent l'ARRCO et l'AGIRC ?

Ces deux institutions fédèrent les caisses de retraite, l'ARRCO s'occupant des caisses des non cadres, et de la tranche A des cadres, l'AGIRC étant dédiée au régime des cadres.

ARRCO

L'association des régimes de retraite complémentaires (ARRCO) créée par l'accord du 8 décembre 1961 instaure un régime de retraite complémentaire généralisé à l'ensemble des salariés du secteur privé non cadres.

Ce régime ARRCO a pour objectif :

- La mise en œuvre d'une réglementation unique pour l'ensemble des caisses de retraite relevant de l'ARRCO (l'ARRCO fédère 20 caisses de retraite complémentaire).
- La définition d'une valeur de point unique.
- La définition d'un salaire de référence (ou prix d'acquisition du point) unique. Ces valeurs sont désormais fixées au 1er novembre, cela depuis 2016.
- Un seul paiement de la retraite complémentaire, même si le salarié a été affilié successivement à différentes caisses tout au long de sa carrière.

37. Taux en vigueur au 1er janvier 2016.

AGIRC

L'Association générale des institutions de retraite des cadres (AGIRC) fédère les caisses de retraite complémentaire des cadres du secteur privé.

L'AGIRC a été créée par la convention nationale collective des cadres du 14 mars 1947.

De la même façon que l'ARRCO, l'AGIRC :

- Met en œuvre une réglementation unique pour les 12 caisses fédérées par l'association.
- Définit une valeur du point spécifique à l'AGIRC.
- Détermine un salaire de référence.
- Délivre un seul paiement de retraite complémentaire.

Évolutions importantes en 2019 : la fusion des régimes ARRCO et AGIRC

Un changement important va concerner ces régimes à compter de 2019. En effet, un accord national interprofessionnel du 30 octobre 2015, pose le principe d'un régime unifié ARRCO-AGIRC au 1er janvier 2019.

Le principe est d'instituer une réglementation unique, en supprimant les spécificités de régimes des cadres et des non cadres qui seront intégrés dans une structure commune. Ainsi, le régime fixera une valeur de point unique, et un salaire de référence unique, les droits acquis auprès des régimes ARRCO et AGIRC seront convertis dans ces nouvelles valeurs.

La mise en œuvre de ce régime unique s'accompagnera d'un système de « malus » sur les retraites complémentaires en cas de départ immédiat à la retraite. Ainsi, à partir de 2019, pour les salariés nés à compter de 1957, une décote de 10 % du montant de la retraite complémentaire sera appliquée pendant 3 ans en cas de départ dès le moment du bénéfice du taux plein. Pour ne pas se voir déclencher cette décote, le salarié devra décaler sa date de départ à la retraite de quatre trimestres au-delà de la date à laquelle il pouvait bénéficier du taux plein.

67 - Les taux de cotisations retraite complémentaire sont-ils obligatoires ?

Les accords de retraite complémentaire fixent un taux minimal contractuel de cotisation, ainsi qu'une répartition obligatoire entre l'entreprise et le salarié.

Possibilité de cotiser à un taux supérieur au taux minimal strictement encadré

En effet, ces taux de cotisations qui constituent des minima sont également des taux maximaux autorisés.

Cependant, certaines entreprises peuvent cotiser à des taux supérieurs au taux obligatoire. Pour cela, cette décision de cotiser à un taux supérieur au taux obligatoire doit résulter d'engagements antérieurs au 2 janvier 1993. À défaut, si l'engagement est postérieur au 2 janvier 1993, le supplément de cotisation par rapport au taux obligatoire est considéré comme de la retraite supplémentaire (et donc assujetti à la CSG et la CRDS ainsi qu'au forfait social de 20 %).

Répartition des cotisations patronales et salariales également strictement encadrées

La répartition des taux de cotisations entre l'employeur et le salarié est également fixée par les accords de retraite complémentaire.

Pour l'ARRCO :

- La répartition fixée par l'accord est de 60 % en patronal et 40 % en salarial.

Toutefois une répartition différente peut être appliquée dans deux situations :

- Entreprise visée par une convention ou accord collectif de branche, antérieur au 25 avril 1996, et prévoyant une répartition différente.
- Entreprise créée avant le 1er janvier 1999 et souhaitant appliquer la répartition applicable au 31 décembre 1998.

Pour l'AGIRC :

- La répartition des cotisations est de 62,07 % en patronal et 37,93 % en salarial. Ces mêmes répartitions sont appliquées à la GMP et la CET.
- La répartition des cotisations sur la tranche C est librement déterminée par accord d'entreprise.

En cas de répartition spécifique, elle doit également être appliquée au relèvement des taux de cotisations obligatoires de 2014 et 2015.

En cas de non-respect de ces critères de répartition, le montant des cotisations salariales de retraite complémentaire pris en charge par l'employeur, au-delà des répartitions autorisées, est intégré dans l'assiette des cotisations.

Taux de cotisations retraite actuels fixés par un accord du 13 mars 2013

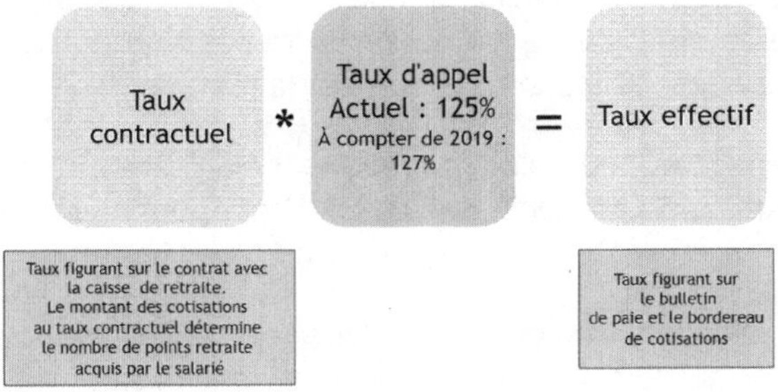

Taux applicables depuis le 1er janvier 2015 jusqu'au 31 décembre 2018 :

Population	Assiette	Taux contractuel	Taux d'appel	Cotisation salariale	Cotisation patronale
Non cadres	Tranche 1	6,20 %	7,75 %	3,10 %	4,65 %
	Tranche 2	16,20 %	20,25 %	8,10 %	12,15 %
Cadres	Tranche A	6,20 %	7,75 %	3,10 %	4,65 %
	Tranche B	16,44 %	20,55 %	7,80 %	12,75 %
	Tranche C	16,44 %	20,55 %	Répartition libre	Répartition libre

À compter du 1er janvier 2019 (régime unifié) :

Population	Assiette	Taux contractuel	Taux d'appel	Cotisation salariale	Cotisation patronale
Non cadres et cadres	1re tranche de 0 à 1 plafond	6,20 %	7,874	3,1496	4,7244
	2e tranche de 1 à 8 plafonds	17,00 %	21,59	8,636	12,954

68 - Je suis cadre et je vois apparaître une ligne de cotisation GMP sur mon bulletin. À quoi correspond-elle ?

La GMP (garantie minimale de points) concerne les cadres cotisant à l'AGIRC percevant une rémunération inférieure au salaire charnière.

Mécanisme de la GMP

Il existe pour les cotisations retraite AGIRC des cadres, un mécanisme de garantie minimale de points. Ce dispositif a pour objet de permettre à tout cadre d'acquérir un minimum de 120 points retraite AGIRC tous les ans, même si le salaire du cadre ne dépasse pas ou de peu le plafond (les points AGIRC sont acquis sur la tranche B).

Afin de garantir ces 120 points de retraite, l'AGIRC communique tous les ans la cotisation à retenir pour la GMP qui permet d'acquérir ces 120 points.

De cette cotisation, découle le salaire charnière (montant de la rémunération au-dessous de laquelle le mécanisme de la GMP devra être déclenché pour le salarié) et le salaire différentiel (montant de l'assiette minimale à déclencher en tranche B pour garantir les 120 points).

Les paramètres 2017 sont les suivants (circulaire AGIRC du 10 octobre 2016) :
- Salaire charnière mensuel : 3 611,48 €.
- Salaire différentiel : 342,48 €.

Mlle Bittersweet est cadre. Son salaire de base est 3 420 €.
Ses assiettes de cotisation retraite complémentaire sont les suivantes :
ARRCO TA : 3 269 €
AGIRC TB : 151 €
AGIRC GMP : 191,48 € (342,48 - 151)

Pour un salaire de 3 700 €, les assiettes de cotisation retraite complémentaire seraient les suivantes :
ARRCO TA : 3 269 €
AGIRC TB : 431 €
AGIRC-GMP : 0,00 € (l'assiette en tranche B est supérieure au salaire différentiel de 342,48 €, donc la GMP n'a pas lieu d'être déclenchée)

Les cotisations déclenchées sur la GMP sont les cotisations retraite AGIRC de la tranche B classique (cotisations salariale et patronale). L'AGFF et la CET ne sont pas à déclencher sur la GMP.

Ci-après, le bulletin de paie de la salariée intégrant cette GMP, sur la base d'un salaire de 3 420 €.

Ces cotisations se déclenchent tous les mois en paie, et sont également concernées par la régularisation des cotisations. Ainsi, si le salaire varie tout au long de l'année, il faudra raisonner en cumul et mettre en œuvre une régularisation progressive (cf. question 71). De la même façon, si le plafond est proratisé (cf. question 69), il faudra proratiser la GMP de la même façon.

☞ *Mlle Bittersweet est en fait embauchée le 24 juin. Son plafond Sécurité sociale sera proratisé sur la base de 7/30 du plafond mensuel.*

Sa GMP sera calculée en fonction d'un salaire différentiel de 7/30 x 342,48 soit 79,91 €.

✎ *Suite à la mise en place d'un régime unique ARRCO/AGIRC en 2019, se pose la question des cotisations spécifiques telles que la GMP, la CET et l'AGFF. L'accord du 30 octobre 2015 pose le principe de la suppression de ces dispositifs, tout en garantissant une « stabilité globale des cotisations ». Des négociations vont donc devoir s'atteler à prendre en compte l'évolution de ces mécanismes.*

Ce mécanisme de la GMP ne concerne que les salariés cadres cotisant à l'AGIRC. Il n'existe pas de système équivalent pour les salariés non cadres (du moins pour le moment !).

☞ *Pour illustration, vous trouverez en page suivante le bulletin de paie de Mlle Bittersweet, salariée cadre, avec un salaire de 3 420 €. Ce salaire est inférieur au salaire charnière.*

Une cotisation au titre de la GMP apparaît à hauteur de 191,48 € (342,48 - 151).

Bulletin de paie

Période du 01/07/2017 au 31/07/2017

Salarié	
Nom	M Bittersweet
Prénom	
Emploi	
Qualification	

Employeur
Société
Adresse
Convention Collective
N° SIREN / code APE

Date de paiement : 25/07/17

Éléments du brut			
Libellé	*Base*	*Taux*	*Montant*
Salaire de base	151h67		3420
Salaire brut			3420

Cotisations et contributions sociales	*Base*	*Taux salarial*	*Part salarié*	*Taux patronal*	*Part employeur*
Santé					
Sécurité sociale-Maladie-Maternité-Invalidité-Décès	3420	0,75%	25,65	12,89%	440,84
Complémentaire Incapacité Invalidité Décès	3420	1,00%	34,20	1,50%	51,3
Complémentaire Santé	3420		55,00		55
Accident du travail – Maladies professionnelle	3420			1,50%	51,3
Retraite					
Sécurité sociale plafonnée	3269	6,90%	225,56	8,55%	279,5
Sécurité sociale déplafonnée	3420	0,35%	11,97	1,90%	64,98
Complémentaire Tranche A	3269	4,03%	131,74	6,07%	198,43
Complémentaire GMP	191,48	7,80%	14,94	12,75%	24,41
Complémentaire Tranche B	151	8,83%	13,33	14,27%	1,90
Complémentaire TC					
Supplémentaire					
Famille-Sécurité sociale	3420			3,45%	117,99
Assurance Chômage					
Chômage	3420	2,40%	82,08	4,20%	143,64
APEC	3420	0,024%	0,82	0,036%	1,23
Autres contributions dues par l'employeur					
Forfait social	106,3			8,00%	8,5
Autres contributions	3420			3,956%	135,3
Cotisations statutaires ou prévues par la convention collective		-		-	
CSG non imposable à l'impôt sur le revenu	3466,45	5,10%	176,79		
CSG/CRDS imposable à l'impôt sur le revenu	3466,45	2,90%	100,53		
Allègement de cotisations					
Total des cotisations et contributions			872,61		1574,32

Ajout de bas de bulletin	+
Déduction de base de bulletin	-

Net imposable	Total versé par l'employeur
2702,92	4994,32

Net payé en euros	Allègement de cotisations
2547,39	61,56

Conservez ce bulletin sans limitation de durée

Pour toute question concernant ce bulletin de paie, vous pouvez consulter le site www.service-public.fr

69 - À quoi sert le plafond ?

Le plafond de la Sécurité sociale sert à déterminer les tranches de salaire servant de base au calcul des cotisations. Dans certains cas, sa valeur est proratisée.

D'où vient le plafond ?

Tous les ans, après avis de la commission des comptes de la Sécurité sociale, un décret fixe la valeur du plafond de Sécurité sociale.

Cette valeur sert à déterminer les tranches de salaire servant de base au calcul des cotisations. Pour les cotisations de Sécurité sociale, la valeur du plafond était auparavant plus importante qu'aujourd'hui. En effet la plupart des cotisations de Sécurité sociale étaient plafonnées (c'est-à-dire calculées sur un salaire brut limité à la valeur du plafond).

Mais au fil du temps, la plupart des cotisations ont été déplafonnées (c'est-à-dire calculées sur un salaire total, non limité au plafond), ce qui réduit d'autant l'impact du plafond pour déterminer le montant des cotisations dues à l'URSSAF.

Aujourd'hui, pour les cotisations URSSAF, seules la cotisation vieillesse plafonnée et la cotisation FNAL pour les entreprises de moins de 20 salariés sont toujours fixées sur une base limitée au plafond.

La valeur du plafond 2017 est la suivante : 39 228 € annuels, soit 3 269 € par mois. Le décret fixe également les autres valeurs de référence du plafond (à la quinzaine, à la semaine, ou jour et à l'heure).

Ces différentes valeurs permettent de déterminer la valeur du plafond à prendre en compte, lorsque le salarié n'est pas payé au mois, et que le contrat ne comporte pas de base horaire. En effet, c'est la périodicité du paiement du salaire qui détermine la valeur du plafond à prendre en compte.

Ainsi, pour un vacataire payé à la journée, la valeur du plafond journalier de 180 € sera à retenir.

Cependant, s'il existe une référence horaire, la valeur du plafond à retenir sera le plafond mensuel proratisé en fonction des heures effectuées par rapport à 151 h 67.

Ainsi, un salarié ayant effectué 15 heures au cours du mois, réparties sur 2 jours, aura un plafond de :

- 3 269 x 15/151,67 = 323,30 €
- et non 2 x 180 = 360 €

Le plafond est une valeur annuelle, appliquée pour l'année civile, ce qui déclenche en paie un mécanisme de régularisation progressive (cf. question 71).

Cas de prorata

Dans certaines situations, le plafond doit être proratisé. Il s'agit des cas suivants :

- entrée/sortie ;
- salariés à temps partiel ;
- salariés à multi-employeurs ;
- neutralisation pour certaines absences ;
- réduction liée aux caisses congés payés ou chômage intempéries.

Entrée/sortie

En cas de mois incomplet, dû à une entrée ou une sortie, la valeur de référence du plafond est réduite en appliquant au plafond autant de trentièmes que de jours calendaires de présence au cours du mois.

Ainsi, un salarié quittant une entreprise le 10 décembre au soir, son plafond de référence sera de : 10/30 x 3 269 = 1 089,67 €.

Salariés à temps partiel

Pour pouvoir mettre en œuvre une proratisation du plafond pour les salariés à temps partiel, les conditions suivantes sont à respecter :

- Un contrat de travail écrit comportant l'ensemble des mentions imposées par le Code du travail (durée contractuelle de travail, répartition de cette durée, égalité de traitement et priorité d'affectation sur les emplois temps complet).
- Cette durée contractuelle doit être exprimée en heures, si le contrat ne comporte pas de référence horaire (salarié en forfait jours, travailleur à domicile, salariés rémunérés au pourboire). La mise en œuvre du prorata n'est pas possible.
- Une rémunération temps plein supérieure au plafond.
- Ne pas cotiser sur une assiette forfaitaire ou pour un montant forfaitaire de cotisations, ou bénéficier de taux réduits de cotisations[38].

Calcul du plafond réduit :

Plafond à déclencher =
plafond mensuel x salaire temps partiel/salaire temps complet

38. Article R. 242-9 du Code de la Sécurité sociale.

En pratique, il est plus simple de partir sur la durée du travail, en appliquant la formule suivante :

Plafond à déclencher =
plafond mensuel x horaire temps partiel/horaire temps complet

Les deux méthodes sont équivalentes dans la majorité des cas. Cependant, si la rémunération temps partiel n'est pas proportionnelle au pourcentage du temps de travail (temps partiel/temps complet), c'est la notion de rémunération qui est à prendre en compte.

M. Cadet est à temps partiel. Il travaille à 70 % du temps complet, soit 24,50 h par semaine (l'horaire temps complet est de 35 h 00).

Afin d'inciter les salariés à passer à temps partiel, le montant de la rémunération temps partiel est calculé sur la base de 80 % du temps complet (accord de maintien dans l'emploi des seniors).

Le salaire de M. Cadet à temps complet était de 3 800 €.

À temps partiel son salaire est donc de 3 040 € (3 800 x 80 %).

Plafond de référence de M. Cadet :

3 269 x 3 040/3 800 = 2 615,20 € (prorata en fonction du salaire temps partiel/salaire temps complet) et non 3 269 x 24,5/35 = 2 288,30 € (prorata en fonction de temps de travail).

Salariés multi-employeurs

Lorsqu'un salarié travaille de façon régulière et simultanément pour le compte de plusieurs employeurs, des spécificités vont se déclencher en paie.

Il en est ainsi de la valeur du plafond à prendre en compte. Le salarié peut voir son plafond de Sécurité sociale réparti entre ses différents employeurs.

Le prorata de plafond à déclencher est le suivant :

Plafond mensuel de la Sécurité sociale x salaire perçu dans l'entreprise/salaires perçus chez la totalité des employeurs.

Deux conditions sont nécessaires pour bénéficier de ce prorata :

- Ne pas cotiser sur des taux réduits ou sur une assiette forfaitaire.
- Communiquer à son employeur tous les mois le montant des rémunérations perçues chez les autres employeurs.

À défaut de communication des salaires perçus, l'employeur déclenchera un plafond complet[39].

Cependant, si le salarié multi-employeurs est aussi à temps partiel, il est possible de déclencher le plafond temps partiel (si les conditions de mise en œuvre sont respectées ! cf. ci-dessus).

Mme Melon est multi-employeurs. Elle travaille dans l'entreprise Mebo, 25 heures par semaine et perçoit un salaire de base de 2 800 €. Elle travaille par ailleurs dans l'entreprise Sucré et perçoit un salaire de 2 200 €.

Quel est son plafond de référence Sécurité sociale ?

En appliquant la règle multi-employeurs :

3 269 x 2 800/5 000 (totalité des salaires perçus chez Mebo et Sucré) = 1 830,64 €

En appliquant la règle du prorata temps partiel :

Mme Melon est titulaire d'un contrat de travail à temps partiel comportant l'ensemble des mentions prévues par la loi. Son salaire temps complet 3 920 € est supérieur au plafond, elle ne cotise pas sur une base forfaitaire, ni ne bénéficie de taux réduit !

3 269 x 25/35 = 2 335 €

Les deux montants sont autorisés.

Neutralisation pour certaines absences

En cas d'absence non rémunérée couvrant une période complète de paie, et à condition qu'aucune rémunération n'ait été versée au salarié sur la période, il est possible de neutraliser le plafond. On retient donc un plafond égal à zéro pour la période concernée. Aussi, la régularisation des cotisations se fera en retenant 11 plafonds mensuels (ou moins) selon le nombre de mois neutralisés sur l'année.

Si l'absence n'est pas complète sur l'échéance de paie, il n'est pas possible de neutraliser le plafond du salarié : on retient donc un plafond complet. Ainsi, une absence maladie en cours de mois est sans incidence sur le plafond[40].

39. Article L. 242-3 du Code de la Sécurité sociale.
40. Article R. 243-11 du Code de la Sécurité sociale.

70 - Qu'est-ce qu'une tranche de salaire ?

Les bases de cotisations auprès des organismes sociaux sont découpées en tranche. Il existe différentes tranches selon les organismes sociaux.

Selon les organismes on applique les tranches suivantes

Organismes sociaux	Tranches de cotisations
URSSAF	Salaire plafonné (Tranche A) Salaire déplafonné (totalité du salaire)
Pôle emploi	Tranche A et tranche B
Retraite complémentaire non cadre	Tranche 1 Tranche 2
Retraite complémentaire cadre	Tranche A Tranche B Tranche C
Retraite supplémentaire et prévoyance	Tranches définies par les contrats liant l'entreprise à l'organisme

Les tranches de cotisations sont définies en fonction du salaire brut soumis à cotisations et de la valeur du plafond de Sécurité sociale.

Définition des tranches

à revoir

Tranche A : le salaire brut soumis à cotisations dans la limite d'un plafond de Sécurité sociale.

Tranche B : salaire brut soumis à cotisations, déduction faite de la tranche A, dans la limite de 3 plafonds de Sécurité sociale.

Tranche C : salaire brut soumis à cotisations, déduction faite de la tranche A et de la tranche B, dans la limite de 4 plafonds.

Tranche 1 : le salaire brut soumis à cotisations dans la limite d'un plafond de Sécurité sociale (soit la définition de la tranche A !).

Tranche 2 : le salaire brut soumis à cotisations déduction faite de la tranche 1, dans la limite d'un plafond de Sécurité sociale (soit un plafond de moins que la tranche B !).

Ces définitions peuvent être synthétisées par le schéma suivant :

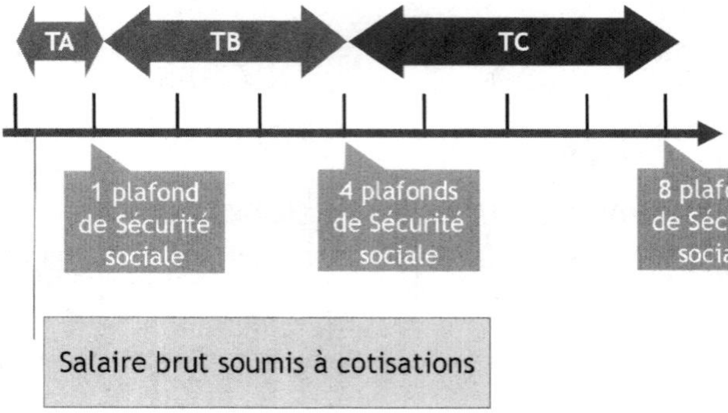

M. Rhodamime perçoit un salaire de 14 000 €.
Ses tranches de cotisations retraite sont les suivantes :
Avec un statut cadre :
Tranche A : 3 269 €
Tranche B : 14 000 - 3 269 = 10 731 € limité à 3 plafonds soit 9 807 €
Tranche B = 9 807 €
Tranche C : 14 000 - 3 269 - 9 807 = 924 €
On a donc cotisé sur 14 000 (3 269 + 9 807 + 924), la totalité du salaire.

Avec un statut non cadre :
Tranche 1 : 3 269 €
Tranche 2 : 14 000 - 3 269 = 10 731 limité à 2 plafonds soit : 6 538 €
Tranche 2 = 6 538 €
On a donc cotisé en retraite sur 3 269 + 6 538 soit 9 807 €
Le reste du salaire brut (4 193 €) échappe aux cotisations retraite.

71 - Comment est calculée la tranche A lorsque le salaire varie tout au long de l'année ?

Le plafond de Sécurité sociale qui sert à découper le salaire en tranches est une valeur annuelle. Pour établir la paie, on retient une valeur mensuelle du plafond qui n'a qu'une valeur indicative. Il faudra appliquer une régularisation du plafond qui tienne compte de la valeur cumulée des salaires et des plafonds appliquée sur l'année civile.

Cette régularisation pouvait s'effectuer de deux façons :

- la régularisation progressive : cette méthode consiste à régulariser tous les mois la valeur des plafonds et des tranches de cotisations. Elle a l'avantage de lisser sur l'année les régularisations et d'éviter les régularisations importantes (en positif ou négatif) en fin d'année.
- la régularisation de fin d'année : cette méthode accompagnée d'un versement régularisateur a été supprimée du fait de la Déclaration sociale nominative (DSN). Un décret en date du 8 juillet 2016 supprime la régularisation de fin d'année et le versement régularisateur, à compter du 1er janvier 2017.

  Cette suppression concerne les cotisations URSSAF, mais également Pôle emploi et la retraite complémentaire.

Principe de la régularisation progressive

Soit Mlle Tealblue percevant un salaire de 2 500 €, une prime de 1 000 € lui est versée.

Afin d'illustrer le principe de la régularisation progressive, nous étudierons deux situations :

- La prime est versée en janvier.
- La prime est versée en mars.

Pour mettre en œuvre la régularisation progressive, il faut raisonner en cumul, en utilisant un tableau de ce type :

Mois	Salaire brut (A)	Plafond de référence (B)	Tranche A	Tranche B	Dette ou excédent salaire/plafond col A - col B	Cumul des dettes et excédents
Janvier						
Février						
Mars						
Avril						
Mai						
Juin						
(etc.)						
Décembre						
Totaux						

1re illustration de la régularisation : versement de la prime en janvier :

Mois	Salaire brut (A)	Plafond de référence (B)	Tranche A	Tranche B	Dette ou excédent salaire/ plafond col A - col B	Cumul des dettes et excédents
Janvier	3 500	3 269	3 269	231	231	231
Février	2 500	3 269	2 731	- 231	- 769	- 538
Mars	2 500	3 269	2 500	0	- 769	- 1 307
Totaux	8 500	9 807	8 500	0		

Explications du tableau :

Pour déterminer les tranches A et B du mois, il faut raisonner en cumul et utiliser la dernière colonne du tableau (cumul des dettes et excédents) pour déterminer les tranches.

En janvier, le salaire est supérieur au plafond (sur le mois et en cumul). On impute le plafond en tranche A et l'excédant passe en tranche B.

En février, le salaire en cumul devient inférieur au plafond (on passe d'un cumul excédentaire de 231 à un négatif de 538). À chaque fois que cette colonne « cumul » fait apparaître un changement de signe, il faudra déclencher une régularisation de plafond.

En février, le salaire cumulé est inférieur au plafond. On impute le salaire en tranche A (2 500 €) et on régularise l'excédent de salaire par rapport au plafond de janvier, à savoir, rajouter en tranche A, les 231 € d'excédent de janvier, que l'on retranche de la tranche B.

Soit sur février : tranche A : 2 500 + 231 = 2 731 €

Tranche B : - 231 €

En mars : le salaire en cumul demeure inférieur au plafond (dette cumulée de 1 307 €). On impute le salaire en tranche A, et pas en tranche B.

Soit sur mars : tranche A : 2 500 €

Tranche B : 0,00 €

2e illustration de la régularisation : versement de la prime en mars :

Mois	Salaire brut (A)	Plafond de référence (B)	Tranche A	Tranche B	Dette ou excédent salaire/ plafond col A - col B	Cumul des dettes et excédents
Janvier	2 500	3 269	2 500	0	- 769	- 769
Février	2 500	3 269	2 500	0	- 769	- 1 538
Mars	3 500	3 269	3 500	0	231	- 1 307
Totaux	8 500	9 807	8 500	0		

Explications du tableau :

En janvier, le salaire est inférieur au plafond. On impute le salaire en tranche A et la tranche B est nulle.

Tranche A : 2 500 €

Tranche B : 0,00 €

En février, le salaire est inférieur au plafond. On impute le salaire en tranche A, et la tranche B est nulle.

Tranche A : 2 500 €

Tranche B : 0,00 €

En mars, le salaire du mois est supérieur au plafond, par contre ce qui est important dans le tableau c'est la situation cumulée (dernière colonne). En cumul, à fin mars, le salaire fait toujours apparaître une dette de - 1 307 €, ce qui indique que sur le bulletin de mars, la totalité du salaire doit se retrouver en tranche A, et qu'il n'y a pas de tranche B.

Lorsque le cumul des salaires demeure inférieur au cumul des plafonds, l'employeur ne peut pas déclencher de tranche B !

Tranche A : 3 500 €

Tranche B : 0 €

72 - Je suis apprenti : quelles sont les particularités concernant mes cotisations ?

L'apprenti bénéficie d'exonération de cotisations. Ces exonérations sont différentes selon l'entreprise qui emploie l'apprenti.

Deux situations d'exonération de cotisations :

- Employeur inscrit au répertoire des métiers, ou employeur employant mois de 11 salariés.
- Employeur de 11 salariés et plus (non inscrit au répertoire des métiers).

Employeur inscrit au répertoire des métiers, ou employeur employant mois de 11 salariés

Cotisations	Salariales	Patronales
Maladie, vieillesse, allocations familiales	Exonérées	Exonérées
Accident du travail	-	Dû
CSG/CRDS	Exonérées	-
FNAL, versement transport, contribution solidarité	-	Exonérées
Chômage et AGS	Exonérées	Exonérées
Retraite complémentaire et AGFF	Exonérées	Exonérées
Forfait social	-	Dû
Taxe sur les salaires	-	Exonérées
Autres taxes et participation	-	Exonérées
Contribution dialogue social	-	Exonérées

Employeur de 11 salariés et plus (non inscrit au répertoire des métiers)

Cotisations	Salariales	Patronales
Maladie, vieillesse, allocations familiales	Exonérées	Exonérées
Accident du travail	-	Dû
CSG/CRDS	Exonérées	-
FNAL, versement transport, contribution solidarité	-	Dû
Chômage et AGS	Exonérées	Dû
Retraite complémentaire et AGFF	Exonérées	Dû
Forfait social	-	Dû
Taxe sur les salaires	-	Exonérées
Autres taxes et participation	-	Dû
Contribution dialogue social	-	Dû

Le régime d'exonération est plus avantageux pour les employeurs occupant moins de 11 salariés, et ceux inscrits au répertoire des métiers.

Dans les deux cas, la totalité des cotisations salariales légales sont exonérées. Il peut cependant rester des cotisations salariales d'origine conventionnelle, ou mises en œuvre dans l'entreprise. C'est souvent le cas pour la prévoyance et les frais de santé.

Dans ce cas, la CSG/CRDS relative aux cotisations patronales de prévoyance et frais santé demeure exonérée. Par contre, l'exonération de la CSG/CRDS sur les cotisations de prévoyance et frais de santé, ne permet pas d'exclure les apprentis du champ du forfait social. Aussi pour les employeurs de 11 salariés et plus, qui sont assujettis au forfait social sur les cotisations de prévoyance, cette contribution sera à prélever sur les cotisations de prévoyance et frais de santé versées aux apprentis[41].

L'exonération de la CSG/CRDS concerne uniquement les salaires. L'épargne salariale (participation, intéressement, abondement plan d'épargne) versée à un apprenti demeure assujettie à la CSG/CRDS et au forfait social[42].

Cotisations calculées sur une base forfaitaire

Les cotisations des apprentis sont calculées sur une base forfaitaire, fixée en fonction de la valeur du SMIC au 1er janvier de l'année.

Base forfaitaire des apprentis

% légal de rémunération - 11 points = Base forfaitaire de cotisation

Illustration :
Un apprenti rémunéré sur la base de 61% du SMIC cotisera sur une base forfaitaire de cotisation de 61-11 soit 50% du SMIC

Pour le calcul de la base forfaitaire de cotisation, on utilise le barème légal de rémunération versée aux apprentis, même si l'employeur et l'apprenti ont décidé, en application de dispositions conventionnelles ou inhérentes à l'entreprise, d'appliquer un pourcentage de rémunération supérieur au barème légal[43].

L'assiette forfaitaire de cotisations est proratisée en trentièmes en cas d'absence non rémunérée ou en cas d'entrée/sortie au cours du mois.

M. Violet est apprenti, âgé de 20 ans en 1re année d'apprentissage. Son salaire légal est calculé sur la base de 41 % du SMIC.

Ce salarié travaille dans une entreprise de 67 salariés, (employeur non inscrit au répertoire des métiers), au cours du mois de septembre.

41. Lettre circulaire ACOSS du 20 octobre 2015.
42. Lettre circulaire ACOSS du 20 octobre 2015.
43. Article D. 6243-5 du Code du travail.

Ses éléments de rémunération sont les suivants :
Salaire de base : 41 % du SMIC soit : 151 h 67 x 9,76 x 30 % = 606,92
Base forfaitaire : 30 % du SMIC, soit 151,67 h x 9,76 x 30 % = 444

Voici, le bulletin de paie de cet apprenti du mois de mars 2017.

Bulletin de paie
Période du 01/03/2017 au 31/03/2017

Salarié	
	M Violet
Nom	(apprenti)
Prénom	
Emploi	
Qualification	

Employeur	
Société	
Adresse	
Convention Collective	
N° SIREN / code APE	

Date de paiement : 25/03/17

Éléments du brut *Libellé*	*Base*	*Taux*	*Montant*
Salaire de base 41% du SMIC	151h67		606,92
Salaire brut			606,92

Cotisations et contributions sociales	*Base*	*Taux salarial*	*Part salarié*	*Taux patronal*	*Part employeur*
Santé					
Sécurité sociale-Maladie-Maternité-Invalidité-Décès		-		-	
Complémentaire Incapacité Invalidité Décès		-		-	
Complémentaire Santé			35,00		45
Accident du travail – Maladies professionnelle	444			1,50%	6,66
Retraite					
Sécurité sociale plafonnée		-		-	
Sécurité sociale déplafonnée		-		-	
Complémentaire Tranche 1	444	-		5,85%	25,97
Complémentaire Tranche 2					
Supplémentaire					
Famille-Sécurité sociale				-	
Assurance Chômage	444	-		4,20%	18,65
Autres contributions dues par l'employeur					
Forfait social	45			8,00%	3,6
Autres contributions	444			3,956%	17,56
Cotisations statutaires ou prévues par la convention collective		-		-	
CSG non imposable à l'impôt sur le revenu		-			
CSG/CRDS imposable à l'impôt sur le revenu		-			
Allègement de cotisations					
Total des cotisations et contributions			**35,00**		**117,44**

Ajout de bas de bulletin	+
Déduction de base de bulletin	-

Net imposable	Total versé par l'employeur
616,92	724,36

Net payé en euros	Allègement de cotisations
571,92	0

Conservez ce bulletin sans limitation de durée
Pour toute question concernant ce bulletin de paie, vous pouvez consulter le site www.service-public.fr

Si ce salarié était absent pour une absence maladie non indemnisée du 18 au 25 octobre inclus, sa base forfaitaire de cotisations du mois est la suivante :

- Base forfaitaire complète : 30 % du SMIC soit 444 € (valeur 2017).

- Base forfaitaire à appliquer du fait de l'absence non rémunérée :
  - Nombre de jours calendaires de présence : 23.
  - Base à retenir : 23/30 x 444 = 340,4 arrondis à 340 €.

73 - Quelles spécificités pour un contrat de professionnalisation ?

Il existe des aides à l'embauche de salariés en contrat de professionnalisation et des exonérations de cotisations sociales pour certains salariés.

Au niveau des exonérations

Les exonérations de charges sociales sont réservées aux salariés embauchés en contrat de professionnalisation demandeurs d'emploi et âgés de 45 ans et plus.

Éxonérations du contrat de professionalisation

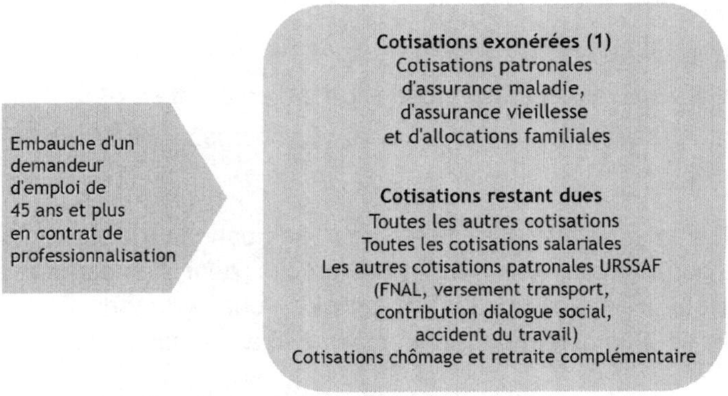

(1) L'exonération est limitée au SMIC (nombre d'heures rémunérées limitée à la durée légale * SMIC horaire)

Cette exonération est limitée au SMIC. Pour déterminer cette valeur on tient compte du nombre d'heures rémunérées dans la limite de la durée légale du travail, ou si elle est inférieure de la durée conventionnelle en vigueur dans l'établissement[44]*.*

44. *Article L. 6325-18 du Code du travail.*

En cas d'absence avec maintien partiel de la rémunération, le nombre d'heures est proratisé en fonction du salaire brut soumis à cotisations par rapport au salaire habituel[45].

M. Grey âgé de 54 ans est embauché en contrat de professionnalisation. Son salaire est de 1 700 €.

Ce salarié travaille sur un horaire hebdomadaire de 35 heures.

Au cours du mois de septembre, les éléments suivants se sont déroulés :

1re semaine : 5 heures supplémentaires pour un montant de 84 €.

3e semaine : absence sans solde de 6 heures pour un montant de 66 €.

Sa rémunération est exonérée de cotisations patronales de maladie, vieillesse et allocations familiales à hauteur du SMIC.

Pour le calcul du SMIC, on tient compte des heures rémunérées à hauteur de la durée légale. Les heures supplémentaires de la 1re semaine ne seront pas prises en compte. On déduit les absences non rémunérées :

Nombre d'heures à prendre en compte : 151,67 h - 6 h = 145,67 h

SMIC retenu pour l'exonération : 145,67 x 9,76 = 1421,74 € (année référence 2017).

Salaire brut versé : 1 700 + 84 - 66 = 1 718 €

Montant du salaire bénéficiant des exonérations : 1 421,74 €

Montant du salaire soumis à la totalité des charges : 296,26 € (1 718 - 1 421,74)

Par ailleurs, il existe des aides pour l'embauche de contrats de professionnalisation, une aide Pôle emploi pour l'embauche d'un demandeur d'emploi de 26 ans et plus, une aide de l'État pour l'embauche d'un demandeur d'emploi de 45 ans et plus.

Ces aides sont à demander à Pôle emploi, dans les trois mois suivant le début du contrat de professionnalisation.

45. Article D. 6325-19 du Code du travail.

L'essentiel

- Il existe une multitude de lignes de cotisations et contributions sur le bulletin de paie.
- Les cotisations sont reversées aux organismes sociaux et permettent de financer la couverture de différents risques pour les salariés.
- Les contributions sociales sont des impôts, servant au financement de la protection sociale, mais qui ne sont pas affectées à la couverture d'un risque particulier.
- Actuellement, la plupart des caisses de retraite complémentaire sont fédérées par les institutions ARRCO et AGIRC. En 2019, les régimes ARRCO et AGIRC vont fusionner dans un régime unique.

Chapitre 9

Salaire net et éléments non soumis à cotisations

74 - Pourquoi mon net imposable est-il plus élevé que mon net à payer ?

C'est la dure réalité du salarié travaillant en France, le revenu déclaré aux impôts est supérieur au salaire net effectivement perçu, dans la plupart des cas !

Deux logiques différentes pour valoriser le net imposable et le net à payer

Cela est dû notamment aux contributions de CSG et CRDS (cf. question 62), mais également depuis 2013, aux cotisations frais de santé que la loi de finances 2014 a intégrées dans le net imposable du salarié.

Cela sera encore d'autant plus le cas en 2019, avec la mise en œuvre du prélèvement à la source (cf. question 10).

Calcul net imposable à payer

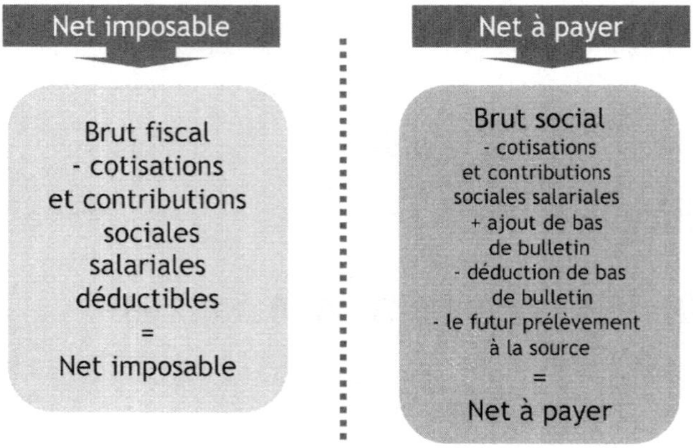

En effet, pour calculer un salaire net imposable, il faut prendre en compte :

- Le salaire brut fiscal du salarié.
- Les cotisations sociales déductibles.

Déterminer le brut fiscal du salarié

Le salaire brut fiscal compose l'ensemble des éléments de rémunération qui sont imposables au sens du Code général des impôts. De façon générale, le brut fiscal et le brut social sont souvent identiques. Ainsi, si un élément de rémunération ou une prime est soumis à cotisations, ils seront également imposables, et on aura un même brut fiscal et social.

On part donc du brut social, auquel il faudra rajouter - ou retrancher - quelques éléments :

- Certaines indemnités de rupture peuvent être soumises à cotisations mais pas à impôts.
- Les revenus de remplacement (indemnités journalières de prévoyance qui seront en totalité soumises à impôts mais peuvent être partiellement soumises à cotisations).
- La déduction forfaitaire spécifique pour frais professionnels dont bénéficient certaines professions en matière sociale est sans incidence en matière fiscale.
- Les cotisations patronales de frais de santé qui sont imposables depuis les revenus perçus en 2013.

Prendre en compte les cotisations sociales déductibles

Cotisations salariales déductibles sans limitation :

- Cotisations de Sécurité sociale.
- Cotisations de chômage.
- Cotisations de retraite complémentaire.

Cotisations salariales déductibles dans certaines limites :

- Cotisations de prévoyance et retraite supplémentaire.

Pour être déductibles, ces cotisations doivent concerner des régimes à caractère obligatoire et collectif.

Par ailleurs, des plafonds d'exonération des cotisations de retraite supplémentaire et de prévoyance sont fixés par l'article 83 du Code général des impôts.

Pour les régimes de prévoyance, le seuil est fixé à 5 % du plafond annuel de Sécurité sociale majoré de 2 % de la rémunération annuelle brute.

Ce montant est limité à 2 % de 8 plafonds annuels de Sécurité sociale (6 276 € en 2017).

Pour les régimes de retraite supplémentaire, le seuil d'exonération est fixé à 8 % de la rémunération annuelle brute (elle-même plafonnée à 8 plafonds annuels de Sécurité sociale).

En cas de dépassement de ces limites, il y a lieu d'effectuer une réintégration fiscale des cotisations de prévoyance et/ou de retraite supplémentaire dépassant les limites d'exonération autorisées.

Traitement de la CSG et de la CRDS

La CSG sur les revenus d'activité est répartie en deux composantes :

- 5,10 % : non imposable à l'impôt sur le revenu.
- 2,4 % : imposable à l'impôt sur le revenu.

La CRDS à 0,5 % est également imposable à l'impôt sur le revenu.

Par exception, lorsque la CSG est calculée sur des sommes exonérées d'impôts et de cotisations sociales, la CSG est intégralement non déductible. Cela peut se produire pour certaines indemnités de rupture ou pour l'épargne salariale (bloquée sur un plan épargne entreprise).

Calcul du net à payer

Pour calculer, le net à payer, les éléments suivant sont nécessaires :
- Brut social.
- Ajout et déduction de bas de bulletin.

Déterminer le brut social :

Le brut social constitue l'assiette des cotisations (cf. question 24). Cette assiette est déterminée par l'article L. 242-1 du Code de la Sécurité sociale.

« Pour le calcul des cotisations de Sécurité sociale, sont considérées comme rémunérations toutes les sommes versées aux travailleurs en contrepartie ou à l'occasion du travail... »

Ce brut social est composé de l'ensemble des éléments de rémunération versés au salarié, son salaire de base et accessoires, les différentes catégories de primes et indemnités, les avantages en nature.

Certaines sommes échappent à cette assiette :
- Les remboursements de frais (sous certaines conditions, à hauteur des limites autorisées).
- Les indemnités liées à la rupture du contrat ayant le caractère de dommages et intérêts (sous certaines conditions, à hauteur des limites autorisées).
- Les sommes exonérées en vertu de dispositions légales (épargne salariale, revenus de remplacement...).

Ajout et déduction de bas de bulletin :

On retrouve en bas de bulletin, des éléments qui impactent le net à payer, après le net imposable. Il s'agit essentiellement des rubriques ci-dessous.

En ajout :
- Indemnités de rupture non soumises à cotisations et non imposables.
- Participation aux frais de trajet domicile/travail.
- Remboursement des frais professionnels.

En déduction :
- Reprise des avances et acomptes.
- Saisies sur salaire.
- Participation du salarié au titre-restaurant.
- Reprise des avantages en nature.

Mlle Thistle perçoit un salaire brut soumis à cotisations de 3 200 €.

Le total des cotisations salariales est de 704 €.

Elle bénéficie d'une mutuelle : cotisation salariale 38 €, cotisation patronale 40 €.

Un acompte de 500 € lui a été accordé au cours du mois.

Ses cotisations CSG/CRDS sont les suivantes :

CSG non imposable : 3 184 x 5,10 % = 162,38 € (assiette CSG : 98,25 % (3 200) + 40, cf. question 62)

CSG imposable : 3 184 x 2,4 % = 76,42 €

CRDS imposable : 3 184 x 0,5 % = 15,92 €

Calcul du net imposable :

Brut fiscal : 3 200 + 40 = 3 240 €

Total cotisations déductibles : 704 - 76,42 - 15,92 = 611,66 €

Net imposable : 3 240 - 611,66 = 2 628,34 €

Calcul du net à payer :

Brut social : 3 200 €

Total cotisations : 704 €

Déduction bas de bulletin : 500 €

Net à payer : 3 200 - 704 - 500 = 1 996 €

Même sans acompte, le net à payer demeure inférieur au net imposable !

Explication du net imposable du modèle de bulletin d'un salarié non cadre proposé en annexe 2.

Ce salarié perçoit un salaire brut de 2000 €

Un net imposable de 1 611 €

Un net à payer de 1 518 €

Explication du net imposable : Net imposable = brut fiscal - cotisations et contributions salariales déductibles

Brut fiscal : 2 000 + cotisation patronale frais de santé (45 €) soit un total de 2 045 €.

Cotisations et contributions déductibles : total cotisations et contributions - CSG/CRDS imposables.

Soit : 482,80 - 58,29 = 424,51 €

Net imposable : 2 045 - 424,51 = 1 620,49 €

Explication net à payer :

Net à payer = brut social - cotisations et contributions salariales + ajout de bas de bulletin - déduction de bas de bulletin

Brut social : 2 000 €
Total cotisations et contributions : 482,80 €
Ajout/déduction de bas de bulletin : 0 €
Net à payer : 2 000 - 482,8 = 1 517,20 €

75 - À quoi sert la date de paiement des salaires mentionnée sur le bulletin de paie ?

La date de paiement indique la date à laquelle les salaires ont été payés (date d'envoi de l'ordre de compensation en banque de l'employeur). Elle détermine également l'exigibilité des cotisations.

Exigibilité des cotisations

Cette mention obligatoire du bulletin de paie est importante. En effet, elle détermine l'exigibilité des cotisations. Ainsi, les taux de cotisations et le plafond qui sont à déclencher sur une paie, doivent être les taux et plafonds en vigueur à la date à laquelle les salaires ont été payés, tel que la date de paiement le précise sur le bulletin de paie.

Cela s'applique pour les rémunérations habituelles, mais aussi pour les rappels de salaire. C'est la date de paiement qui détermine l'exigibilité, et non la date à laquelle se rapporte le rappel de salaire.

Ce principe est cependant non applicable pour les rappels de salaire suite à une décision de justice ; dans ce cas, il faut rattacher les rappels de salaire aux périodes d'emploi, et appliquer les taux de cotisations URSSAF et Pôle emploi, en vigueur aux périodes d'emploi, ce qui est déjà beaucoup plus fastidieux à réaliser en paie !

Ce principe est à noter pour les entreprises pratiquant le décalage de paie. Cette pratique consiste à payer ses salariés sur le mois suivant.

Dans ce cas, les salaires de décembre N seront payés le 5 janvier N + 1. Ainsi, les salaires de décembre N seront assujettis aux taux de cotisations et plafonds en vigueur en janvier N + 1.

L'employeur est libre de fixer la date de paiement des salaires qui lui convient. Une fois fixée la date, la périodicité de paiement mensuelle doit cependant être respectée.

Néanmoins, dans le cadre de la DSN, des contraintes techniques empêchent désormais de pratiquer le décalage de paie au-delà du 15 du mois. Les employeurs sont donc « invités » à modifier leurs pratiques de paie pour que leur déclaration sociale nominative soit transmise le 15 au plus tard (une tolérance existe jusqu'au 20 pour les entreprises de travail temporaire), consignes déclaratives DSN, fiche 398 du 23/02/2016.

Ce principe connaît une autre exception, pour les employeurs de 9 salariés au plus, qui pratiquent le décalage de paie. Ces employeurs peuvent, à titre dérogatoire, rattacher les rémunérations à la période d'emploi et appliquer les taux de cotisations en vigueur à la période d'emploi.

La loi de financement de la Sécurité sociale pour 2017, modifie, à compter du 1er janvier 2018, le principe de l'exigibilité des cotisations. À compter de 2018, les taux et plafonds applicables dépendront de la période d'emploi et non plus de la date de paiement des cotisations.

Exigibilité également applicable en matière fiscale

Ainsi, seront portés sur ma déclaration de revenus de l'année N, tous les salaires perçus au titre de l'année civile (date de paiement).

Dans une entreprise pratiquant le décalage de paie (les salaires sont versés le 5 du mois suivant), les rémunérations annuelles prises en compte seront :

- Décembre N -1, payé le 5 janvier N.
- Janvier N à novembre N.

Cela ne pose pas de soucis particuliers, sauf dans le cas de changement d'entreprise, ou de suppression du décalage de paie.

Un salarié travaillant dans une entreprise pratiquant le décalage de paie, rejoint une entreprise ne pratiquant pas le décalage de paie. Il devra déclarer aux impôts, 13 mois de paie.

Changement d'entreprise au 1er juillet N
Entreprise A : salaires déclarés en N
Décembre N - 1 à juin N
Entreprise B salaires : déclarés sur N
Juillet N à décembre N
Soit un total de 13 mois déclarés.

A contrario, un salarié rejoignant une entreprise pratiquant le décalage de paie, ne déclarera que 11 mois aux impôts la première année.

Paiement des cotisations URSSAF et envoi fichiers DSN

La date de paiement mentionnée sur le bulletin sert également à déterminer la date limite de paiement des cotisations URSSAF et Pôle emploi.

Cette exigibilité des cotisations peut être synthétisée dans un tableau articulant l'exigibilité des cotisations URSSAF et la nécessité de produire un fichier DSN (extrait de www.dsn-info.fr, consignes déclaratives).

Périodicité	Date de versement des salaires	Date d'exigibilité Ducs	Date d'exigibilité DSN	Période de rattachement des cotisations
Mensuelle	Fin de mois M	5 du mois M + 1	5 du mois M + 1	M
Mensuelle	Fin de mois M	15 du mois M + 1	15 du mois M + 1	M
Mensuelle	Début de mois M + 1	15 du mois M + 1	15 du mois M + 1	M + 1
Mensuelle	Après le 10 du mois M + 1	15 du mois M + 1[1]	15 du mois M + 1	M + 1
Trimestrielle	Fin de mois M	15 du premier mois du trimestre suivant	15 du mois M + 1	M
Trimestrielle	Début de mois M + 1 sans rattachement à la période d'emploi	15 du premier mois du trimestre suivant	15 du mois M + 1	M + 1
Trimestrielle	Début de mois avec rattachement à la période d'emploi	30 du premier mois du trimestre suivant[2]	15 du mois M + 1	M

[1] date modifiée par le décret du 21 novembre 2016. Des dispositions transitoires, sont prévues pour les employeurs de moins de 50 salariés, et pour les «grands décalage» (versement des salaires après le 20 M+1).

[2] date modifiée par le décret du 21 novembre 2016. À compter du 01/01/2018, la date d'exigibilité est ramenée au 15 M+1

76 - Puis-je décider de faire verser mon salaire sur le compte de mes parents, de mon conjoint ?

La personne bénéficiaire du paiement doit être le salarié. Dans quelques cas particuliers, ce principe peut être remis en question.

Principe général

C'est le salarié qui exécute le contrat de travail qui est bénéficiaire du salaire. L'employeur devra vérifier, lors de la récupération des informations bancaires du salarié, que le compte est bien au nom du salarié.

À défaut, l'employeur peut être condamné à payer une deuxième fois les rémunérations qui n'auraient pas été versées au bon destinataire.

Il existe cependant certains cas particuliers :

- **Mineurs non émancipés :** le mineur n'a pas la capacité juridique d'administrer ses biens, il faut demander l'autorisation des parents investis de l'autorité parentale pour que le mineur puisse percevoir lui-même sa rémunération.
- **Décès du salarié :** les éléments du solde de tout compte rentrent dans la succession et sont à remettre à la personne gérant la succession du salarié décédé.
- **Cession de la rémunération à une personne tierce :** il est possible de céder une partie de son salaire à un tiers par l'intermédiaire d'une procédure de cession.

  Pour cela, il faut que le salarié fasse une déclaration au greffe du tribunal d'instance. La cession doit être notifiée à l'employeur par le greffier du tribunal. L'employeur procède alors à la cession, cette cession s'effectue à hauteur de la quotité saisissable[46].

En dehors de ces cas de figure, le salaire doit donc être obligatoirement versé au salarié !

77 - Puis-je demander à être payé en espèces ?

Tout dépend du montant du salaire net perçu. Deux situations différentes sont à envisager selon que le salarié perçoive un salaire supérieur ou inférieur à 1 500 €.

Différentes modalités de paiement du salaire

Trois modes de paiement du salaire existent :

- Paiement en espèces.
- Paiement par chèque bancaire ou postal.
- Paiement par virement.

Si le salaire net est supérieur à 1 500 €, le paiement est obligatoirement effectué par chèque ou virement, l'utilisation des espèces n'est pas autorisée.

Pour les salaires nets inférieurs à 1 500 €, le salarié peut exiger d'être payé en espèces, toute stipulation contraire étant nulle[47].

46. Article R. 3252-46 du Code du travail.
47. Article L. 3241-1 du Code du travail.

L'essentiel

- Pour déterminer le net à payer, l'ensemble des charges et contributions sociales salariales sont déduites. Pour le calcul du net imposable, la CSG/CRDS imposable à l'impôt sur le revenu doit être réintégrée.
- Les cotisations patronales de frais santé sont également réintégrées dans le calcul du net imposable du salarié.
- Ces deux éléments font que le net imposable est généralement plus élevé que le salaire net payé versé au salarié.
- La date de paiement des salaires doit être précisée sur le bulletin de paie.

Chapitre 10

Indemnités journalières de Sécurité sociale

78 - Pourquoi les indemnités journalières apparaissent-elles sur le bulletin de paie ?

Les indemnités journalières ne sont pas soumises à cotisations. Lorsque l'employeur complète leur montant, dans le cas d'une obligation de maintien de salaire, il faudra les intégrer en paie, de façon à calculer correctement le salaire brut du salarié, et à déterminer le bon montant de salaire imposable.

Intervention de la Sécurité sociale et de l'employeur

En cas d'arrêt de travail lié à la Sécurité sociale (maladie, maternité, paternité, accident de travail, accident de trajet et maladie professionnelle), deux éléments rentrent en jeu :

- Le versement des prestations de la Sécurité sociale.
- Le versement d'un complément employeur.

Une législation double

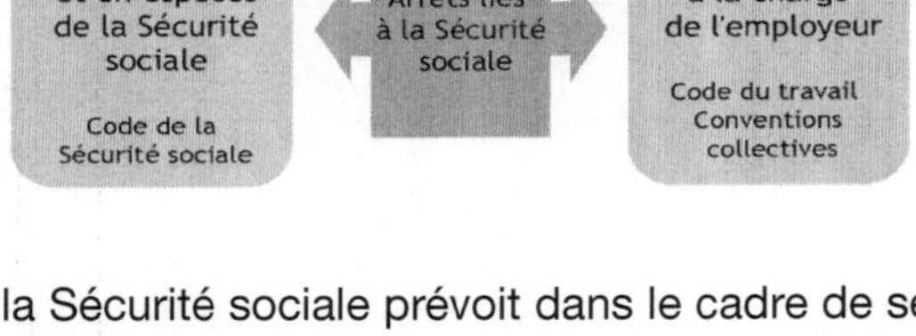

Le Code de la Sécurité sociale prévoit dans le cadre de ses absences le versement sous certaines conditions des prestations en nature (prise en charge des soins, consultations médicales, médicaments, hospitalisation...) et des prestations en espèces (versement d'indemnités journalières).

Le Code du travail (loi de mensualisation de 1978) impose le maintien de salaire pour certains arrêts sous certaines conditions. Ce maintien de salaire est un complément aux indemnités journalières versées par la Sécurité sociale. Il est donc nécessaire de connaître précisément le montant des indemnités versées par la Sécurité sociale pour déterminer le montant du salaire à compléter pour un salarié malade. De plus, ces indemnités n'étant pas soumises à cotisations, il est impératif de les retirer du complément employeur, pour que le brut soumis à cotisations du salarié soit correct.

Les indemnités journalières seront toujours à déduire du complément de salaire employeur, peu importe que les indemnités soient versées directement au salarié, ou qu'elles aient été versées à l'employeur, si celui-ci a demandé la subrogation.

Maintien de salaire prévu par la loi

Le maintien de salaire prévu par la loi[48] en cas de maladie ou accident de travail, accident de trajet et maladie professionnelle s'effectue selon les modalités suivantes :

- Conditions d'attribution : 1 an d'ancienneté.
- Délai de carence : maladie, accident de trajet 7 jours.
- Maladie professionnelle, accident de travail : pas de carence.

Ancienneté du salarié	Maintien de salaire légal
1 an à moins de 6 ans	30 jours : 90 % du salaire brut 30 jours : 2/3 du salaire brut
6 ans à moins de 11 ans	40 jours : 90 % du salaire brut 40 jours : 2/3 du salaire brut
11 ans à moins de 16 ans	50 jours : 90 % du salaire brut 50 jours : 2/3 du salaire brut
16 ans à moins de 21 ans	60 jours : 90 % du salaire brut 60 jours : 2/3 du salaire brut
21 ans à moins de 26 ans	70 jours : 90 % du salaire brut 70 jours : 2/3 du salaire brut
26 ans à moins de 31 ans	80 jours : 90 % du salaire brut 80 jours : 2/3 du salaire brut
À partir de 31 ans	90 jours : 90 % du salaire brut 90 jours : 2/3 du salaire brut

48. *Article L.1226-1 du Code du travail.*

Pour déterminer le nombre de jours indemnisables à 90 % ou aux 2/3, il est tenu compte du nombre de jours qui ont été indemnisés sur les 12 mois précédant l'arrêt. On raisonne de date à date, et non à l'année civile, un changement d'année civile n'ouvre pas droit à une nouvelle période d'indemnisation[49].

Ces dispositions légales constituent des minima, il faut également se référer aux dispositions de la convention collective, ou de pratiques d'entreprise qui peuvent prévoir des dispositions plus favorables.

Maintien de salaire en cas de maternité ou paternité

Le Code du travail ne prévoit pas de maintien de salaire. Seules les dispositions conventionnelles ou d'entreprise sont à prendre en compte. Cependant, la CPAM versera au salarié des IJSS dans ces situations.

M. Goldenrod perçoit un salaire de base de 2 400 €.

Il est malade du 8 au 18 septembre. Les absences maladies sont valorisées en trentièmes.

Maintien de salaire maladie

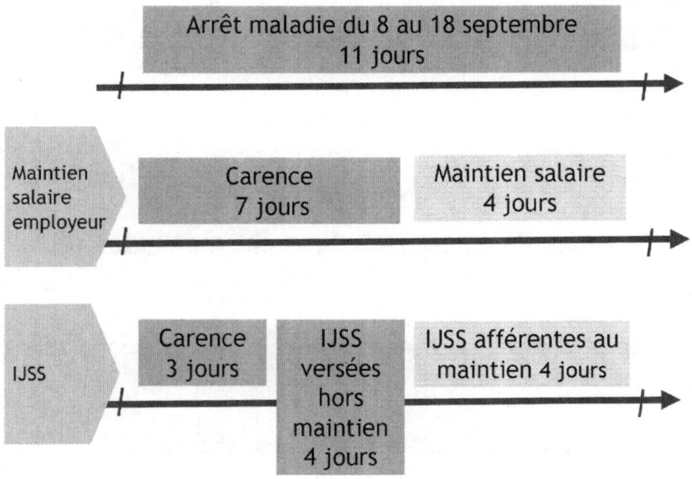

Le montant des IJSS brutes afférentes au maintien de salaire maladie sont de 157,80 € (cf. question 79, expliquant le mode de calcul des IJSS maladie).

49. Article D. 1226-4 du Code du travail.

Le montant total des IJSS versées en net :

IJSS hors maintien : 157,80 brut soit en net 147,23 €

IJSS afférentes au maintien : 157,80 brut soit en net 147,23 €

Soit un total de : 294,46 €

L'entreprise pratique le maintien de salaire légal et met en œuvre la subrogation.

La trame de bulletin simplifié dans ce cas de figure est le suivant :

M. Goldenrod

Libellés		À ajouter	À déduire
Salaire de base		2400	
Absence maladie	2400/30 * 11 jours		880
Maintien de salaire maladie	2400/30 * 4 jours * 90%	288	
IJSS brutes afférentes à l'arrêt			157,8
Total brut		1650,2	
Cotisations et contributions sociales	*Base*	*Taux salarial*	*Part salarié*
Santé			
Sécurité sociale-Maladie-Maternité-Invalidité-Décès	1650,2	0,75%	12,38
Retraite			
Sécurité sociale plafonnée	1650,2	6,90%	113,86
Sécurité sociale déplafonnée	1650,2	0,40%	6,6
Complémentaire Tranche 1	1650,2	3,90%	64,36
Assurance Chômage	1650,2	2,40%	39,6
CSG non imposable à l'impôt sur le revenu	1621,32	5,10%	82,69
CSG/CRDS imposable à l'impôt sur le revenu	1621,32	2,90%	47,02
Total			**366,51**
Net fiscal		1330,71	
IJSS nettes versées		294,46	
Net à payer		1578,15	

extrait de bulletin de paie

79 - J'ai été malade au cours de l'année : mes indemnités journalières de Sécurité sociale (IJSS) sont-elles imposables ?

En cas d'arrêt maladie, la Caisse primaire d'assurance maladie vous verse des IJSS sous certaines conditions.

Conditions à remplir pour avoir le droit aux IJSS maladie

Il faut tout d'abord avoir ouvert ses droits aux IJSS en ayant suffisamment travaillé sur la période qui précède l'arrêt.

Les conditions à remplir sont les suivantes :

- Avoir travaillé 150 heures sur les 3 mois précédents.
- Ou avoir cotisé au cours des 6 mois précédents sur au moins 1 015 fois le SMIC horaire.

- Au-delà de 6 mois d'indemnisation, des conditions supplémentaires sont requises :
  - Être immatriculé au moins depuis 12 mois.
  - Et avoir travaillé au moins 600 heures sur les 12 mois précédents ou avoir cotisé sur au moins 2 030 SMIC horaire[50].

Il faut également envoyer son certificat médical à la CPAM dans les 2 jours suivant la date de l'interruption de travail.

Le versement des IJSS s'effectue après un délai de carence de 3 jours calendaires.

Montant de l'indemnisation

La CPAM détermine le gain journalier de base du salarié en tenant compte des 3 derniers salaires bruts perçus sur les mois précédant l'arrêt de travail.

Ce salaire brut est un salaire rétabli en cas d'absence autorisée au cours de la période. Le salaire est également plafonné à un montant fixé à 1,8 fois le SMIC mensuel.

Pour 2017, le montant maximal pris en compte est de : 1,8 x 9,76 € x 52/12 x 35 = 2664,48 €

Le calcul effectué est le suivant :

Gain journalier de base =
salaire des 3 mois précédents (rétablis et plafonnés)/91,25

Montant de l'IJSS maladie : 50 % du gain journalier de base.

Pour les assurés ayant au moins 3 enfants à charge, le montant de l'indemnité journalière est porté à 2/3 du gain journalier de base à compter du 31e jour d'arrêt de travail.

Versement des IJSS

Les IJSS sont versées après un délai de carence de 3 jours calendaires. Cette carence se déclenche pour chaque arrêt de travail. En cas d'affection longue durée, la carence n'est déclenchée que pour le 1er arrêt en lien avec l'ALD, cela sur une période de 3 ans.

50. *Article R. 313-3 du Code de la Sécurité sociale.*

Les IJSS sont versées au salarié, sauf demande de subrogation de l'employeur (cf. question 81). L'employeur peut mettre en œuvre la subrogation, de son initiative, lorsqu'il maintient la rémunération du salarié en cas de maladie. L'employeur et subrogé de plein droit, l'accord du salarié n'est plus requis.)

Régime fiscal et social

Les IJSS maladie ne sont pas soumises à cotisations, celles-ci sont donc retirées du complément de salaire employeur, en cas de maintien de salaire.

Les IJSS sont cependant soumises à CSG et CRDS sur les revenus de remplacement. La CPAM prélève directement les contributions sur le montant des IJSS versées.

Le taux de CSG/CRDS appliqué est de 6,7 % sur la totalité des IJSS (il n'y a pas d'abattement de 1,75 % comme pour les revenus d'activité).

Les IJSS maladie sont imposables, sauf si l'arrêt maladie est en lien avec une affection de longue durée (ALD), dans ce cas les IJSS maladie demeurent non imposables.

Dans tous les cas de figure, le salarié reçoit en fin d'année un état récapitulatif de la CPAM mentionnant les IJSS perçues et leur régime fiscal. Le salarié devra s'assurer que leur montant a été correctement pris en compte sur sa déclaration de revenus.

Revenons à M. Goldenrod en arrêt maladie du 8 au 18 septembre 2017.

Le salaire de base du mois est de 2 400 €.

Il a perçu le même salaire sur les 3 mois précédant l'arrêt, en juin, juillet et août.

Le salarié a ouvert ses droits (il a travaillé plus de 150 heures sur les 3 mois précédents, il a également envoyé son certificat médical à la CPAM dans les 48 heures et à son employeur !).

Calcul du gain journalier de base :

GJB = (2 400 x 3)/91,25

GJB = 78,90 €

IJSS maladie brute : 50 % x 78,90 = 39,45 €

Nombre de jours d'arrêt : 11 jours - 3 jours de carence = 8 jours.

IJSS brutes totales versées : 315,60 €

IJSS nettes totales versées : CSG/CRDS prélevée par la CPAM : 315,60 x 6,7 % = 21,14 €

IJSS nettes : 315,60 - 21,15 = 294,46 €

Le net fiscal paie n'intègre pas les IJSS versées par la CPAM. Celles-ci, si elles sont imposables seront déclarées séparément par la CPAM, cela même lorsque l'employeur demande la subrogation et que les IJSS sont donc directement payées au salarié par son employeur.

80 - Qu'en est-il des IJSS maternité et accident du travail ?

Les IJSS maternité ou paternité sont également imposables, le traitement est le même que pour les IJSS maladie (un paiement et une déclaration spécifique traitée par la CPAM).

Le montant des IJSS est cependant différent !

Calcul des IJSS maternité, paternité et adoption

Dans le cadre de la maternité ou paternité ou adoption, la CPAM détermine le gain journalier net. On tient compte du salaire brut des 3 mois précédant l'arrêt, salaire limité au plafond mensuel de la Sécurité sociale (cf. question 79).

Pour déterminer ce salaire net, la CPAM prélève un pourcentage forfaitaire de charges sociales de 21 %[51].

Le montant de l'IJSS maternité ou paternité est déterminé avec cette formule :

IJ Maternité/paternité/adoption =
salaire net de référence des 3 derniers mois/91,25

Comme pour la maladie, il est nécessaire d'ouvrir ses droits aux IJSS. Les conditions sont différentes :

La salariée doit justifier :

- D'avoir cotisé sur un salaire au moins égal à 1 015 SMIC sur les 6 derniers mois.
- Ou totaliser 150 heures de travail sur les 3 mois derniers mois.

De plus, il faut justifier de 10 mois d'immatriculation Sécurité sociale à la date présumée de l'accouchement.

---

51. Article R. 331-5 du Code de la Sécurité sociale, arrêté du 28 mars 2013.

Ces IJSS maternité seront versées de la même façon dans le cadre d'un congé d'adoption ou de congé paternité.

Comme les IJSS maladie, les IJSS maternité sont exonérées de cotisations (mais assujetties à la CSG/CRDS sur les revenus de remplacement) et elles sont imposables.

☞ *Mme Lavender est en congé maternité en octobre 2017.*

Son salaire de base est 2 500 €.

Une prime de vacances de 1 000 € a été versée à la salariée au mois d'août.

Déterminer le montant de ses IJSS maternité :

Calcul du gain journalier net :

Salaire juillet : 2 500 € brut, gain net 1 975 € (gain brut - 21 % de charges)

Salaire août : 3 500 € brut limité au plafond 3 269 €, gain net 2 582,51 €

Salaire septembre : 2 500 €, gain net 1 975 €

Gain journalier net : (1 975 + 2 582,51 + 1975) / 91,25 = 71,59 €

Montant de l'IJSS maternité brute : 71,59 €

IJSS maternité nette : 66,79 € (6,7 % de CSG/CRDS soit 4,80 €)

Calcul des IJSS accident du travail/trajet/maladie professionnelle

Les IJSS accident du travail sont imposables pour moitié, cela depuis le 1er janvier 2010 (Article 80 et quinquies du Code général des impôts). Le montant à déclarer sera communiqué à l'administration par le biais des déclarations de salaires. Un état récapitulatif est également envoyé au salarié.

Le versement des IJSS accident du travail n'est subordonné à aucune condition de durée d'immatriculation, de durée de travail ou de montant de cotisations contrairement aux dispositions applicables en matière de maladie ou de maternité.

Les IJSS accident du travail sont versées à compter du lendemain de l'accident, sans délai de carence.

Pour déterminer le montant, la CPAM calcule un salaire journalier de référence (SJR) : SJR = salaire du mois précédant l'arrêt + prorata des primes non mensuelles/30,42.

Le SJR est plafonné à 0,834 % du plafond annuel de Sécurité sociale (soit 327,16 € pour 2017).

Montant de l'IJ accident du travail : les 28 premiers jours : 60 % du SJR. À compter du 29e jour : 80 % du SJR qui est limité au gain net, le gain net étant égal à 79 % du SJR (c'est donc le gain net qui est versé !)[52].

Ces IJSS sont soumises à CSG/CRDS au taux de 6,7 %.

☞ *Mme Rubine perçoit un salaire de base de 3 400 €. Elle est en arrêt accident du travail à compter du 10 septembre.*

Un 13e mois égal à un mois de salaire de base est versé chaque décembre. Le 13e mois se correspond à l'année civile.

Déterminer les IJSS accident versées à compter du 10 septembre :

Calcul du SJR :

(3 400 + 1/12 x 3 400)/30,42 = 121,08 €

Ce montant est inférieur au montant plafond 0,834 % du plafond annuel (327,16 €).

Montant de l'IJSS accident brut : 60 % x 121,08 = 72,65 € brut.

Montant de l'IJSS accident net : 67,78 € (déduction faite de 6,7 % de CSG/CRDS).

81 - L'employeur doit-il faire l'avance des IJSS (pratique également appelée subrogation) ?

Certaines conventions collectives et la loi de mensualisation prévoient un maintien de salaire. La mise en œuvre du maintien de salaire n'implique pas forcément l'obligation de mettre en œuvre la subrogation.

Les IJSS sont normalement versées au salarié. Toutefois, en cas de maintien de salaire (total ou partiel), l'employeur peut percevoir les IJSS, il se « subroge » dans les droits du salarié.

La mise en œuvre de la subrogation n'est plus subordonnée à l'accord préalable du salarié. Elle se fait désormais de plein droit (l'accord préalable a été supprimé au 1er juillet 2013 pour la maladie et maternité et au 1er janvier 2015 pour les accidents du travail)[53].

En cas de subrogation, les IJSS nettes sont avancées au salarié au niveau de sa rémunération nette.

52. *Article R. 433-4 du Code de la Sécurité sociale.*
53. *Articles R. 433-11 et -12 du Code de la Sécurité sociale.*

Reprenons le bulletin de M. Goldenrod (cf. question 78).

Avec la subrogation

M. Goldenrod

Libellés		À ajouter	À déduire
Salaire de base		2400	
Absence maladie	2400/30 * 11 jours		880
Maintien de salaire maladie	2400/30 * 4 jours * 90%	288	
IJSS brutes afférentes à l'arrêt			157,8
Total brut		1650,2	
Cotisations et contributions sociales	*Base*	*Taux salarial*	*Part salarié*
Santé			
Sécurité sociale-Maladie-Maternité-Invalidité-Décès	1650,2	0,75%	12,38
Retraite			
Sécurité sociale plafonnée	1650,2	6,90%	113,86
Sécurité sociale déplafonnée	1650,2	0,40%	6,6
Complémentaire Tranche 1	1650,2	3,90%	64,36
Assurance Chômage	1650,2	2,40%	39,6
CSG non imposable à l'impôt sur le revenu	1621,32	5,10%	82,69
CSG/CRDS imposable à l'impôt sur le revenu	1621,32	2,90%	47,02
Total			**366,51**
Net fiscal		1330,71	
IJSS nettes versées		294,46	
Net à payer		1578,15	

extrait de bulletin de paie

Sans la subrogation

M. Goldenrod

Libellés		À ajouter	À déduire
Salaire de base		2400	
Sbsence maladie	2400/30 * 11 jours		880
Maintien de salaire maladie	2400/30 * 4 jours * 90%	288	
IJSS brutes afférentes à l'arrêt			157,8
Total brut		1650,2	
Cotisations et contributions sociales	*Base*	*Taux salarial*	*Part salarié*
Santé			
Sécurité sociale-Maladie-Maternité-Invalidité-Décès	1650,2	0,75%	12,38
Retraite			
Sécurité sociale plafonnée	1650,2	6,90%	113,86
Sécurité sociale déplafonnée	1650,2	0,40%	6,6
Complémentaire Tranche 1	1650,2	3,90%	64,36
Assurance Chômage	1650,2	2,40%	39,6
CSG non imposable à l'impôt sur le revenu	1621,32	5,10%	82,69
CSG/CRDS imposable à l'impôt sur le revenu	1621,32	2,90%	47,02
Total			**366,51**
Net fiscal		1330,71	
Net à payer		1283,69	

extrait de bulletin de paie

Dans ce 2e cas, les 294,56 € d'IJSS nettes seront versées directement au salarié. Les IJSS nettes ne figurent pas sur le bulletin, par contre dans les 2 cas, les IJSS brutes ont été directement déduites du brut.

82 - Quelles sont les retenues autorisées sur le bulletin de paie ?

Le salaire a un caractère protégé : toute retenue effectuée sur la paie du salarié doit avoir été préalablement autorisée par le salarié. Le Code du travail instaure un principe de non-compensation.

Principe de non-compensation

L'article L. 3251-1 du Code du travail : « L'employeur ne peut opérer une retenue de salaire pour compenser des sommes qui lui seraient dues par un salarié pour fournitures diverses, quelle qu'en soit la nature. »

Quelques exceptions permettent cependant d'effectuer des retenues sur la paie du salarié, sans obtenir son accord préalable.

Il s'agit des cas suivants :
- Compensation pour des fournitures diverses.
- Compensation des avances et des acomptes (cf. question 83).
- Décision de justice : saisie sur salaire, avis à tiers détenteur, pension alimentaire (cf. question 84).
- Clause de dédit-formation.

Compensation pour fournitures diverses

Il est possible de récupérer directement sur la paie du salarié, des sommes relatives aux éléments suivants :
- La fourniture d'outils et d'instruments nécessaires au travail.
- La fourniture de matières ou matériaux dont le salarié a la charge ou l'usage.
- Les sommes avancées pour l'achat de ces mêmes objets.

Cependant la jurisprudence demande désormais une faute lourde du salarié pour engager la responsabilité pécuniaire du salarié[54]. Cette évolution de jurisprudence limite la possibilité de mise en œuvre de la compensation pour fournitures diverses (sont essentiellement visés des soucis de perte de badge d'accès ou de clés, de matériels informatiques...).

54. Cass. 20 avril 2005.

En ce qui concerne les infractions routières et accident commis avec un véhicule de l'entreprise, il n'est pas possible de retenir sur la paie du salarié, sans son accord préalable, le montant des contraventions ou le coût des réparations, cela même si une clause du contrat de travail prévoyait la responsabilité du salarié dans certains cas.

Clause de dédit-formation

Une clause de dédit-formation, dans le cadre d'une formation professionnelle, permet à l'employeur de se rembourser en tout ou partie, dans le cas où le salarié ne respecte pas son obligation d'exécuter le contrat de travail pendant une période déterminée. Si cette clause est appelée à jouer, l'employeur est fondé à retenir la somme convenue, lors du dernier bulletin de paie[55].

La mise en œuvre d'une clause de dédit-formation doit cependant respecter certaines conditions pour être valable. Ainsi, le financement de la formation doit être entièrement à la charge de l'employeur, le montant du remboursement demandé au salarié doit être proportionnel aux frais engagés par l'employeur. De plus, une clause de dédit-formation ne peut être mise en œuvre que dans le cas d'une démission, elle ne s'applique pas dans le cadre d'une rupture à l'initiative de l'employeur (même en cas de licenciement pour faute grave).

En cas de mise en œuvre de ces compensations, il est cependant nécessaire de respecter les règles de protection du salaire, et d'effectuer la retenue à hauteur de la quotité saisissable (cf. question 86).

83 - Quelle différence entre un acompte et une avance ?

Les deux notions sont souvent confondues dans le langage courant. En pratique de paie, l'acompte et l'avance renvoient à deux notions différentes.

Acompte

L'acompte est le versement anticipé d'un salaire pour un travail qui est en cours d'exécution. L'acompte est un droit prévu dans le cadre de la loi de mensualisation. La demande d'acompte ne peut être refusée au salarié.

L'acompte sera entièrement récupéré sur la paie de fin du mois.

55. Cass. 21 mars 2000.

Avance

L'avance correspond en fait à un prêt consenti à un salarié. Contrairement à l'acompte, l'avance constitue un versement anticipé d'un travail qui n'a pas encore été effectué[56].

L'avance est une libéralité, elle n'a aucun caractère obligatoire. Afin d'éviter tout litige ultérieur, il faut faire signer un reçu au salarié, précisant le montant de l'avance, la date de versement, et les modalités de récupération de cette avance.

La récupération d'une avance se fait à hauteur du 1/10e du salaire exigible (salaire net duquel sont rajoutées les retenues de bas de bulletin et retirés les ajouts de bas de bulletin), cf. question 74.

En cas de départ du salarié, il est possible de récupérer l'avance sur les sommes ayant le caractère de dommages et intérêts (indemnité de licenciement...), par contre la limite de 1/10 reste applicable aux salaires.

84 - On vient de me notifier une saisie sur salaire, que va faire mon employeur ?

L'employeur a l'obligation d'effectuer une retenue sur votre paie à hauteur de la quotité saisissable.

Procédure de saisie sur salaire

Dans le cadre d'une saisie sur salaire, la procédure est la suivante :

Le greffe du tribunal d'instance notifie à l'entreprise un acte de saisie des rémunérations par lettre recommandée avec AR. Cet acte précise les coordonnées du créancier, le mode de calcul de la quotité saisissable (cf. question 86) et les modalités de versement.

Une réponse de l'employeur dans les 15 jours : l'employeur répond au greffe du tribunal d'instance en indiquant la situation du salarié dans l'entreprise et l'éventuelle existence d'autres procédures[57].

L'employeur informe également le salarié de la réception de l'acte de saisie (même si cette information n'est pas obligatoire légalement). Si

56. *Articles L. 144-1 et L. 144-2 du Code du travail.*
57. *Article L. 145-8 du Code du travail.*

le salarié s'est acquitté de sa créance, une main levée doit être notifiée à l'employeur.

Retenue à hauteur de la quotité saisissable

L'employeur procède chaque mois à une retenue sur la rémunération du salarié, prélèvement à hauteur de la quotité saisissable. L'employeur verse ce montant au secrétariat greffe du tribunal d'instance.

Si l'employeur n'effectue pas cette retenue, le tribunal rend une ordonnance qui rend l'employeur personnellement responsable du montant de la créance[58].

85 - Que se passe-t-il si je dois payer une pension alimentaire ?

Si le salarié n'a pas payé une échéance de pension alimentaire, le créancier (conjoint, enfant, ascendant) peut mettre en place une procédure de paiement direct qui permet de payer le terme courant de la pension, et les six derniers mois.

La procédure est la suivante :

- Notification par un huissier à l'entreprise de la demande de paiement direct de pension alimentaire.
- Réponse à l'huissier dans les huit jours, en précisant la situation du salarié.

Mise en œuvre de la saisie

La pension alimentaire sera directement déduite du salaire net. Contrairement à la saisie sur salaire, la retenue pour la pension alimentaire n'est pas limitée à la quotité saisissable. La seule obligation est de laisser au salarié un montant de rémunération nette au moins égale au revenu de solidarité active pour une personne seule, à savoir 535,17 € au 1er septembre 2016.

Si l'employeur ne verse pas la pension, il risque une amende de 1 500 € (qui peut être doublée en cas de récidive)[59].

58. Article R. 145-24 du Code du travail.
59. Décret du 1er mars 1973.

Il existe un ordre d'imputation des créances lorsque plusieurs procédures sont en cours. L'ordre suivant est à respecter pour mettre en œuvre ces différentes retenues :

Ordre d'imputation des créances

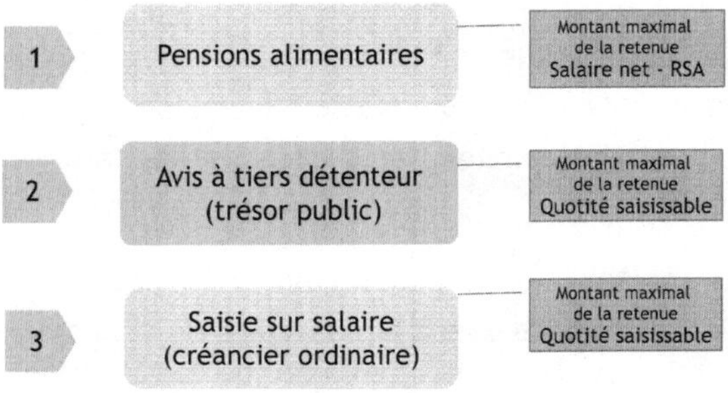

Ainsi, les pensions alimentaires bénéficient d'une priorité de prise en compte, la seule obligation pour l'employeur étant de laisser au salarié un montant de rémunération au moins égal au montant du RSA, la pension alimentaire venant empêcher ou réduire les autres retenues en cours. Si une saisie de rémunération est en cours, l'employeur doit aviser le tribunal d'instance de la demande de pension directe, cela dans les 8 jours.

86 - En quoi consiste la quotité saisissable ?

Lorsque suite à une décision de justice (avis à tiers détenteur ou saisie-arrêt), l'employeur doit prélever des sommes sur la rémunération de son salarié, cette retenue ne peut se fait qu'à hauteur de la quotité saisissable[60].

Modalité de calcul de la quotité

La quotité saisissable se calcule sur le salaire net exigible du salarié (les acomptes ou avances déduits du net à payer, sont rajoutés pour déterminer un salaire net exigible théorique, qui sert de base au calcul de la quotité saisissable).

Le barème de calcul de la quotité saisissable devrait être aménagé afin de tenir compte du prélèvement à la source. Suite à la mise en œuvre du prélèvement à la source, le calcul de la retenue se ferait sur le salaire net déduit des cotisations sociales et du prélèvement à la source.

60. Article L. 145-2 du Code du travail.

Sommes sur lesquelles s'applique le barème de saisies :

- Salaire de base et accessoires.
- Toutes les primes et indemnités soumises à cotisations.
- Indemnités journalières de Sécurité sociale et complément de salaire maladie, maternité accident.

Sommes non saisissables :

- Remboursement de frais exposés par le salarié.
- Allocations ou indemnités pour charges de famille versées par l'employeur.

Cas particuliers (saisie attribution ou avis à tiers détenteur) :

- Indemnités de rupture ayant le caractère de dommages et intérêts (indemnité de licenciement, indemnité transactionnelle...).
- Primes d'intéressement ou de participation.

⚠ *Concernant cette dernière catégorie de somme, elles ne sont pas saisissables selon la procédure de saisie sur salaire, en conséquence l'employeur ne doit procéder à aucune retenue sur ces sommes, dans ce cadre.*

Il faut respecter une procédure de droit commun, généralement la procédure de saisie attribution. Ces sommes sont également saisissables en totalité dans le cadre d'un avis à tiers détenteur.

Il existe un barème par tranche, augmenté des charges de famille. Chaque tranche est affectée d'un taux de quotité saisissable, et c'est le total des quotités qui donne le montant de la saisie.

Barème 2017 du calcul de la quotité saisissable

Tranche	Rémunération mensuelle	Part saisissable	Montant maximum mensuel saisissable (montant cumulé)
Tranche 1	Inférieure ou égale à 310,83 €	1/20	15,54 €
Tranche 2	Entre 310,83 € et 606,67 € (inclus)	1/10	45,13 €
Tranche 3	Entre 606,67 € et 904,17 € (inclus)	1/5	104,63 €
Tranche 4	Entre 904,17 € et 1 200,83 € (inclus)	1/4	178,79 €

Tranche	Rémunération mensuelle	Part saisissable	Montant maximum mensuel saisissable (montant cumulé)
Tranche 5	Entre 1 200,83 € et 1 497,50 € (inclus)	1/3	277,68 €
Tranche 6	Entre 1 497,50 € et 1 799,17 € (inclus)	2/3	478,79 €
Tranche 7	Supérieure à 1 799,17 €	100 %	478,79 € + la totalité des sommes au-delà de 1 799,17 €

Ce barème est corrigé pour charges de famille : ces seuils sont augmentés de 1 420 € par an (soit 118,33 € par mois) et par personne à charge sur présentation des justificatifs.

Ce barème est réévalué tous les ans au 1er janvier.

Sont considérées comme à charge[61] :

- Le conjoint, concubin, partenaire lié par un PACS dont les ressources sont inférieures au montant du RSA d'une personne seule.
- Tout enfant ouvrant droit aux prestations familiales et à la charge effective du salarié.
- Tout enfant à qui le salarié verse une pension alimentaire.
- Tout ascendant dont les ressources personnelles sont inférieures au montant du RSA et qui habite avec le salarié ou auquel le salarié verse une pension alimentaire.

☞ *M. Sienna perçoit un salaire net exigible de 1 200 €, il n'a personne à charge. Le montant de sa quotité saisissable est la suivante :*

1re tranche : jusqu'à 310,83 € quotité saisissable 1/20, soit 15,54 €

2e tranche : de 606,67 à 310,83 € quotité saisissable 1/10, soit 29,58 €

3e tranche : de 904,17 à 606,67 € quotité saisissable 1/5, soit 59,50 €

4e tranche : de 904,17 € jusqu'au salaire, quotité saisissable ¼, soit 73,96 €

Soit un cumul de 178,58 €, correspondant à la quotité saisissable maximale sur sa rémunération mensuelle.

61. Article R. 3252-3 du Code du travail.

L'essentiel

- Les indemnités journalières de Sécurité sociales (IJSS) versées par les Caisses primaires d'assurance maladie (CPAM) ne sont pas soumises à cotisations, elles doivent être déduites du complément maladie à la charge de l'employeur.
- Il est possible d'avancer les IJSS au salarié, cela se fait dans le cadre de la subrogation.
- Les IJSS versées en cas de maternité ou d'accident sont calculées selon des modalités différentes de celles versées dans le cadre de la maladie.
- La déclaration aux impôts du montant des IJSS versées est de la responsabilité des CPAM.

Chapitre 11

Les remboursements de frais à charge de l'employeur

87 - L'employeur doit-il toujours rembourser les frais de transport domicile/lieu de travail ? Y a-t-il des limites et des exceptions ?

La loi de financement de la Sécurité sociale pour 2009[62] a étendu à l'ensemble du territoire français l'obligation, pour les employeurs, de rembourser les frais de transport public du domicile au lieu de travail (cette obligation ne concernait auparavant que les employeurs de la région parisienne).

Obligation de remboursement

Ainsi, l'employeur doit prendre en charge 50 % du coût des abonnements souscrits, sur la base d'un tarif 2e classe[63].

Quels sont les titres de transport concernés ?

Il doit s'agir impérativement d'un abonnement, les billets à l'unité ne sont pas pris en charge.

Il existe différentes modalités d'abonnement :

- Abonnements multimodaux à nombre de voyages illimités (abonnement annuel, mensuel ou hebdomadaire).

62. Loi du 17 décembre 2008.
63. Article R. 3261-1 du Code du travail.

- Cartes et abonnements mensuels et hebdomadaires ou à renouvellement tacite à nombre de voyages illimité.
- Les abonnements à un service public de vélos.

Modalités de la prise en charge

La prise en charge doit couvrir l'intégralité du trajet entre la résidence habituelle du salarié et son lieu de travail, même si plusieurs abonnements sont nécessaires (un abonnement SNCF et un abonnement pour les transports parisiens).

Lorsque le salarié dispose de plusieurs lieux de résidence (un lieu de résidence pour la semaine, dédié au travail, un lieu de résidence les week-ends et congés, où réside la famille du salarié), il faut identifier la résidence principale du salarié. Une décision de cassation du 22 juin 2016, précise que dans ce cas la résidence habituelle est le logement de semaine, car le salarié y passe plus de temps et qu'il y réside de manière habituelle depuis plus de 10 ans.

Situations dans lesquelles il n'y a pas de remboursement

Le salarié perçoit déjà des indemnités pour la prise en charge du trajet domicile/lieu de travail, d'un montant au moins égal à la prise en charge légale.

Le salarié n'engage pas de frais pour ses trajets domicile/lieu de travail : le transport est organisé par l'employeur, ou le salarié réside à proximité immédiate de son lieu de travail.

Le salarié ne présente pas les justificatifs requis (présentation de l'abonnement nominatif souscrit).

En cas d'absence totale au cours du mois : en cas d'absence au cours du mois (maladie, congés...) la prise en charge est totale, sans abattement pour les jours non travaillés, dès que le titre de transport a été utilisé au moins une fois pour le trajet domicile/lieu de travail. *A contrario*, si le salarié n'a pas utilisé son titre de transport au moins une fois au cours du mois, la prise en charge n'est pas effectuée.

Quel doit être le montant du remboursement ?

Le taux de prise en charge légale est de 50 %.

L'employeur peut décider de rembourser un montant supérieur à 50 %. Dans ce cas, le supplément de prise en charge est exonéré de cotisations sociales, par contre, au niveau fiscal, le supplément de prise en charge est à réintégrer dans le salaire imposable du salarié.

En cas d'application d'une déduction forfaitaire spécifique (artiste, journaliste, ouvriers du BTP...), le remboursement supplémentaire doit être réintégré dans l'assiette de cotisations.

Frais de transport personnels

Il est également possible de rembourser au salarié les frais de transport personnels pour les salariés qui sont contraints d'utiliser leur véhicule personnel pour effectuer le trajet domicile/lieu de travail.

À la différence des frais de transport collectif, cette prise en charge a un caractère facultatif : rien n'oblige en employeur à prendre en charge ce remboursement.

Il existe une prime de carburant ou d'alimentation électrique de 200 € annuels[64], autorisée en matière sociale et fiscale (exonération de charges et d'impôts à hauteur de ce montant). L'employeur peut également utiliser les barèmes fiscaux pour prendre en charge les coûts trajets domicile/travail. Cependant dans ce cas, seule une exonération de charges sera possible pour les impôts. L'exonération est limitée aux 200 € par an.

Dans tous les cas, il importe d'être rigoureux sur la contrainte d'utiliser le véhicule personnel, qui doit être justifiée pour chaque salarié :

- Un lieu de travail ou lieu de résidence en dehors des zones de desserte des transports urbains.
- Des horaires de travail ne permettant pas d'utiliser les transports en commun.

Mention sur le bulletin de paie

Le montant de la participation de l'employeur aux frais de transport publics ou personnels doit obligatoirement figurer sur le bulletin de paie. L'absence de cette mention étant passible d'une sanction pénale (contravention de 3e classe).

64. Article L. 3261-3 du Code de travail.

88 - Je viens travailler en vélo : ai-je droit à une indemnité ?

En effet, vous pouvez, sous certaines conditions, bénéficier d'une indemnité de 25 centimes par kilomètre effectué !

En quoi consiste cette indemnité ?

La loi relative à la transition énergétique pour une croissance verte du 17 août 2015 (complétée par la loi de finances rectificative du 29 décembre 2015) a prévu la possibilité de prendre en charge par l'employeur les frais engagés par les salariés utilisant leur vélo pour effectuer le trajet domicile/lieu de travail.

Un décret du 11 février 2016 détermine les modalités de cette prise en charge, et notamment la valeur de l'indemnité kilométrique vélo fixée à 25 centimes.

Cette indemnité à un caractère facultatif. Elle est subordonnée à la conclusion d'un accord collectif, pour une entreprise dotée de délégués syndicaux, ou d'une décision unilatérale de l'employeur à défaut de délégués syndicaux dans l'entreprise. Aussi, tant qu'aucun accord ou décision unilatérale ne sont actés, aucune prise en charge ne peut avoir lieu.

La prise en charge de l'indemnité kilométrique vélo peut être cumulée avec l'obligation de remboursement des frais de transport public, lorsque le vélo permet d'effectuer un trajet de rabattement vers une gare, une station de métro. Le cumul est autorisé uniquement dans ce cas. Lorsque le salarié effectue alternativement des trajets en vélo et des trajets en transport public, le cumul n'est pas autorisé (au salarié de choisir les modalités de remboursement dont il souhaite bénéficier !).

L'indemnité kilométrique vélo est exonérée de cotisations et d'impôts à hauteur de 200 € par an.

La mise en œuvre du remboursement suppose de justifier ou d'attester du nombre de kilomètres effectués avec son vélo, ce qui risque de générer de joyeuses discussions - ou contentieux - entre le salarié et l'employeur ou avec les URSSAF.

89 - Les frais de repas doivent-ils être pris en charge par l'employeur ?

Pour les salariés sédentaires il n'existe aucune obligation de prise en charge des frais de repas.

Des obligations de fourniture de repas doivent cependant être prévues dans certaines situations.

Prise en charge des repas obligatoire

Certaines conventions collectives imposent de fournir un repas à certains salariés. C'est notamment le cas des hôtels cafés restaurants qui prévoient une obligation de nourrir le personnel présent au moment du service du repas à la clientèle[65].

Certaines conventions collectives prévoient également l'obligation de verser une indemnité de panier (également appelée indemnité de restauration) aux salariés contraints de prendre leur repas sur leur lieu de travail, en raison des conditions de travail (travail sur un chantier, travail en horaires continus, en décalé, ou travail de nuit).

Cette indemnité de panier ouvre droit à exonération de cotisations et d'impôts à hauteur d'un plafond fixé tous les ans par l'ACOSS (Agence centrale des organismes de Sécurité sociale).

Montant maximal des paniers :

- sur le lieu de travail : 6,40 €
- hors des locaux de l'entreprise (travail sur un chantier) : 9,00 €[66]

L'employeur peut également attribuer des titres-restaurants. La participation de l'employeur à ces titres-restaurants est encadrée. Pour être exonérée, les plafonds suivants sont à respecter :

- Une prise en charge patronale comprise entre 50 % et 60 % de la valeur du titre.
- Un montant maximal de prise en charge patronale : 5,38 € au 1er janvier 2017.

Enfin, l'employeur peut mettre en place un restaurant d'entreprise.

65. *Circulaire DRT 9 mars 1990.*
66. *Valeur 1er janvier 2017.*

Cas des salariés en déplacement

Pour les salariés en déplacement, l'employeur est dans l'obligation de rembourser les dépenses supplémentaires de nourriture (du fait de son déplacement, le salarié ne peut pas manger chez lui).

L'employeur est libre de fixer le montant et les modalités de prises en charge des remboursements (remboursement forfaitaire - avec ou sans justificatifs, remboursement au réel sur présentation de justificatifs, plafond de remboursement).

La convention collective peut cependant imposer des règles particulières, qu'il faut évidemment prendre en compte. Par ailleurs, le montant du remboursement doit être en conformité avec le montant des dépenses supportées par le salarié.

Si le montant des dépenses prises en charge est manifestement sous-évalué l'employeur peut être condamné à revoir ses conditions de remboursement[67].

En cas de remboursement sous forme d'allocation forfaitaire des repas, sans demander la production d'un justificatif, l'ACOSS fixe une limite d'exonération. En dessous de cette limite, les sommes remboursées sont présumées être utilisées conformément à leur objet, au-delà, non, l'excédent étant réintégré dans l'assiette de cotisations et dans le salaire imposable.

Limite forfaitaire d'exonérastion des frais de repas au restaurant : 18,40 € (valeur 1er janvier 2017).

Si l'employeur réclame les justificatifs, cette limite d'exonération est sans objet, le seul plafond étant la générosité de l'employeur (et l'abus de bien social pour les dirigeants !).

☞ *Mlle Emerald bénéficie de six indemnités forfaitaires de repas au cours du mois, d'une valeur de 25 € par repas. Son salaire est de 2 600 €.*

Quel est l'impact sur son bulletin de paie ?

67. *Cour de cassation 23 septembre 2009.*

Mlle Emerald

Libellés		À ajouter	À déduire
Salaire de base		2600	
Indemnité repas soumise	6 * (25 – 18,40)	39,6	
Total brut		2639,6	
Cotisations et contributions sociales	*Base*	*Taux salarial*	*Part salarié*
Santé			
Sécurité sociale-Maladie-Maternité-Invalidité-Décès	2639,6	0,75%	19,8
Retraite			
Sécurité sociale plafonnée	2639,6	6,90%	182,13
Sécurité sociale déplafonnée	2639,6	0,40%	10,56
Complémentaire Tranche 1	2639,6	3,90%	102,94
Assurance Chômage	2639,6	2,40%	63,35
CSG non imposable à l'impôt sur le revenu	2593,41	5,10%	132,26
CSG/CRDS imposable à l'impôt sur le revenu	2593,41	2,90%	75,21
Total			**586,25**
Net fiscal		2128,56	
Indemnité de repas non soumise	6 * 18,40	110,4	
Net à payer		2163,75	

extrait de bulletin de paie

90 - Existe-t-il des barèmes pour les remboursements de frais d'hôtel ?

Des barèmes forfaitaires sont fixés pour les « grands déplacements ». Il est possible d'utiliser ces barèmes ou de choisir un remboursement au réel.

Barème dans le cadre des grands déplacements

Dans le cadre d'un « grand déplacement » l'employeur peut rembourser à ses salariés les frais de repas et de logement. Le grand déplacement est constitué lorsque le salarié est empêché de regagner sa résidence tous les jours. L'URSSAF qualifie de grand déplacement lorsque la distance séparant le domicile du salarié de son lieu de déplacement est d'au moins 50 kilomètres et que le temps de trajet aller est d'au moins 1 h 30.

Il est possible de rembourser les frais d'hôtel soit au réel sur présentation de justificatif, soit au forfait, en utilisant les allocations forfaitaires. L'ACOSS fixe une limite d'exonération de ces allocations forfaitaires[68].

68. Valeur au 01/01/2017.

	Paris et certains départements région parisienne Départements : 75, 92, 93,94	**Autres départements en métropole**
Allocation forfaitaire Logement et petit déjeuner	65,80 €	48,90 €

Du fait du montant relativement peu élevé (par rapport au coût d'une nuitée d'hôtel sur Paris ou en province) ces allocations forfaitaires sont peu utilisées. Il est préconisé d'utiliser le remboursement au réel avec les justificatifs, qui permet de rembourser un montant supérieur au salarié exonéré de cotisations et d'impôts.

Le barème des allocations forfaitaires peut cependant être intéressant pour les déplacements plus longs. Il est possible de fixer un barème forfaitaire journalier de frais de logement et de nourriture, libre au salarié de s'organiser pour déterminer les modalités de son hébergement (location meublée...) et de sa restauration.

Si le déplacement est plus long, le montant des allocations forfaitaires doit être abattu au-delà de 3 mois de déplacement. Le décompte des 3 mois se décompte par mission ou chantier continu effectué chez le même client. S'il y a interruption de la mission, ou changement de client, le décompte des 3 mois repart à zéro.

Les abattements à pratiquer sur les allocations forfaitaires de logement et de nourriture sont les suivants :

Durée du déplacement	**Abattement sur les allocations forfaitaires (logement et nourriture)**
Au-delà de 3 mois et jusqu'à 2 ans	15,00 %
Au-delà de 2 ans et jusqu'à 6 ans	30,00 %
Au-delà de 6 ans	Allocations forfaitaires non autorisées Remboursement au réel

Qu'en est-il des déplacements à l'étranger ou dans les DOM ?

Les barèmes, ci-dessus, sont les barèmes applicables pour la France métropolitaine. Il existe des barèmes spécifiques publiés par l'ACOSS pour l'outre-mer (DOM et autres collectivités), et pour les déplacements à l'étranger pour lesquels on peut utiliser l'indemnité de mission du groupe I versée au personnel de l'État envoyé en mission temporaire à l'étranger. Ce barème est publié sur le site Internet du ministère des Finances :

http://www.economie.gouv.fr/dgfip/mission_taux_chancellerie/frais

Ce barème est exprimé en monnaie locale et est régulièrement mis à jour.

L'essentiel

- En cas d'utilisation des transports en commun pour venir travailler, l'employeur a l'obligation de rembourser au salarié 50 % du coût de l'abonnement souscrit par le salarié.
- En cas de déplacement professionnel, des indemnités de repas doivent être versées au salarié.
- En cas de séjour à l'hôtel pour un déplacement professionnel, les frais d'hôtel peuvent être remboursés au réel, sur présentation de justificatifs, ou sur une base forfaitaire.

Chapitre 12

Épargne salariale

91 - L'intéressement est-il obligatoirement mentionné sur le bulletin de paie ?

Les sommes versées dans le cadre de l'intéressement[69] ne sont pas considérées comme du salaire, elles ne rentrent pas dans l'assiette de cotisations sociale. À ce titre les sommes versées ne sont pas forcément - obligatoirement - mentionnées sur le bulletin de paie. Par contre des impératifs de gestion font qu'il est plus pratique d'intégrer ces montants sur le bulletin.

Information des sommes attribuées par l'intermédiaire d'une fiche annexe

La loi impose la remise d'une fiche annexe lors de l'attribution d'une prime d'intéressement[70]. Cette fiche annexe doit comporter les informations suivantes :

1° Le montant global de l'intéressement.

2° Le montant moyen perçu par les bénéficiaires.

3° Le montant des droits attribués à l'intéressé.

4° La retenue opérée au titre de la CSG et la CRDS.

5° Lorsque l'intéressement est investi sur un plan d'épargne salariale, le délai est mentionné à partir duquel les droits nés de cet investissement sont négociables ou exigibles, et les cas dans lesquels ces droits peuvent être exceptionnellement liquidés ou transférés avant l'expiration de ce délai.

6° Les modalités d'affectation par défaut au PEE.

69. Articles L. 3311-1 et suivants du Code du travail.
70. Article D. 3313-9 du Code du travail.

La fiche comporte également, en annexe, une note rappelant les règles essentielles de calcul et de répartition prévues par l'accord d'intéressement.

Affectation par défaut au PEE depuis 2016

Les sommes attribuées dans le cadre de l'intéressement sont depuis le 1er janvier 2016 affectées par défaut au plan épargne entreprise. Ce principe a été mis en œuvre par la loi Macron du 6 août 2015.

Le salarié dispose d'un délai de 15 jours pour un choix (versement direct, affectation sur un PEE ou un PERCO) à compter de l'attribution des sommes. À défaut de réponse dans le délai cité, les sommes attribuées sont automatiquement affectées par défaut sur le PEE.

En 2016 et 2017 le salarié dispose cependant d'un droit de rétractation pour les sommes qui seraient issues de l'intéressement qui auraient été placées par défaut sur le PEE. Ce droit de rétractation peut être exercé dans les 3 mois à compter de l'affectation des sommes.

Intégration dans le bulletin de paie pour faciliter le traitement social et fiscal de l'intéressement

Même si les sommes attribuées dans le cadre de l'intéressement n'ont pas le caractère de salaire, l'intégration dans le bulletin de paie facilite le traitement des sommes en matière de gestion.

CSG/CRDS

Ainsi, les sommes attribuées dans le cadre de l'intéressement sont à assujettir à la CSG et la CRDS. Le taux de CSG et CRDS est de 8 % (CSG sur les revenus d'activité), par contre le calcul s'effectue sur la totalité des sommes sans abattement d'assiette de 1,75 % réservé aux salaires proprement dits.

Forfait social

Les sommes attribuées sont également assujetties au forfait social au taux de 20 % en principe (cette contribution est patronale). La loi Macron a mis en place deux taux réduits de forfait social :

- 16 % : pour les sommes issues de l'intéressement ou la participation qui sont affectées sur un PERCO répondant à certaines conditions.
- 8 % pour les entreprises de moins de 50 salariés mettant en place un dispositif d'intéressement ou de participation pour la 1re fois.

Taxe sur les salaires

Les employeurs assujettis à la taxe sur les salaires sont les structures non assujetties à la TVA. En effet, depuis 2013, l'assiette de la taxe sur les salaires est alignée sur l'assiette de la CSG. Ces employeurs devront donc assujettir à la taxe sur les salaires les sommes issues de l'intéressement.

Impôt sur le revenu

Les sommes versées directement au salarié sont assujetties à l'impôt sur le revenu. Les sommes bloquées sur un PEE ou PERCO échappent à l'impôt.

DADS et DSN

Les sommes attribuées dans le cadre de l'intéressement, ainsi que leur régime fiscal, doivent être intégrées dans les déclarations de salaire, à titre d'information de l'administration.

92 - Qu'en est-il de la participation ?

Comme l'intéressement, la participation[71] n'a pas le caractère de salaire et n'est donc pas intégré dans les salaires de référence du salarié. Comme l'intéressement, la participation fait l'objet d'une fiche annexe et d'une intégration en paie pour des facilités de gestion.

Contenu de la fiche annexe

Identique à celle prévue pour l'intéressement (cf. question 91).

Affectation des sommes au salarié

Comme pour l'intéressement, les sommes affectées, peuvent être payées directement ou placées sur un PEE ou PERCO. Le droit à rétractation en 2016 et 2017 institué pour l'intéressement, ne concerne pas les droits issus de la participation !

Il existe, par ailleurs, une affectation par défaut de 50 % des sommes issues de la participation sur le PERCO[72].

Lorsque le bénéficiaire n'a émis aucun souhait concernant l'affectation de ses droits issus de la participation, la moitié de ses droits est affectée

71. Articles L. 3321-1 et suivants du Code du travail.
72. Article L. 3324-12 du Code du travail.

automatiquement au PERCO et l'autre moitié selon les dispositions prévues par l'accord de participation. Ce dispositif s'applique dès qu'un PERCO est mis en place dans l'entreprise.

Sinon, les modalités d'affectation sont identiques à celles de l'intéressement.

93 - Que se passe-t-il sur un bulletin de paie en cas de versement sur un PEE (plan épargne entreprise) des sommes issues de la participation ou de l'intéressement ?

En cas d'affectation des sommes issues de l'intéressement ou de la participation à un PEE, les sommes sont indisponibles pendant une période de blocage qui est généralement de cinq ans. En contrepartie le salarié bénéficie d'une exonération fiscale (les sommes attribuées échappent à l'impôt sur le revenu).

Période de blocage : en principe de cinq ans

En principe la durée d'indisponibilité est de cinq ans. Les partenaires sociaux créant un PEE ont la possibilité de retenir une durée de blocage supérieure.

Par ailleurs, dans le cadre de la participation, la période d'indisponibilité est de huit ans dans le cadre d'un régime « d'autorité » (aucun accord n'a été conclu dans un délai d'un an suivant la clôture de l'exercice), les sommes attribuées étant affectées sur des comptes courants[73].

Abondement possible de l'employeur venant compléter les versements du salarié

En complément des versements du salarié sur le PEE, il est possible de prévoir un abondement qui vient compléter les versements.

Cet abondement n'a pas de caractère obligatoire. Son montant est fixé de 0 à 300 % des versements du salarié, avec un plafond fixé à 8 % du plafond annuel de Sécurité sociale par bénéficiaire (soit 3 138 € pour 2017).

Cet abondement est assujetti à CSG/CRDS à 8 % sur la totalité de l'abondement. Il rentre également dans l'assiette du forfait social à 20 %.

73. Article L. 3323-5 du Code du travail.

Une durée de blocage obligatoire, sauf déblocage anticipé autorisé

Les sommes bloquées sur un PEE peuvent être débloquées par anticipation. Il s'agit des cas ci-dessous[74] :

Cas de déblocages anticipés autorisés

- Mariage ou conclusion d'un PACS.
- Naissance ou arrivée d'un enfant au foyer dès lors que le foyer compte déjà au moins 2 enfants à charge.
- Divorce, séparation ou dissolution d'un PACS.
- Invalidité du bénéficiaire, du conjoint ou partenaire lié par un PACS, de ses enfants.
- Décès du bénéficiaire, du conjoint ou partenaire lié par un PACS.
- Cessation du contrat de travail, cessation de l'activité de l'entrepreneur individuel, fin du mandat social ou perte statut conjoint collaborateur ou conjoint associé.
- Création ou reprise d'une activité indépendante.
- L'acquisition ou l'agrandissement de la résidence principale, ou la remise en état suite à catastrophe naturelle.
- Situation de surendettement.

Demande de déblocage

La demande de déblocage n'est ni obligatoire, ni automatique. La demande doit être formulée dans les six mois du fait générateur et peut porter sur la totalité ou une partie des avoirs. Ce délai des six mois ne joue pas en cas de cessation du contrat, décès du conjoint ou partenaire lié par un PACS, invalidité et surendettement.

Régime fiscal

Les sommes ainsi portées sur le PEE ou débloquées dans une situation autorisée, bénéficient d'une exonération d'impôt pour le salarié. En cas de déblocage dans une situation non autorisée les sommes sont assujetties à impôt sur le revenu.

Cas des anciens salariés

Les anciens salariés partis en retraite ou préretraite peuvent continuer à bénéficier des avantages du plan et faire des versements (sans bénéficier de l'abondement).

74. Article R. 3324-22 du Code du travail.

Les autres anciens salariés non retraités, ne peuvent plus faire de nouveaux versements sur le PEE, mais peuvent conserver leur avoir sur le PEE de leur ancien employeur.

Un état récapitulatif doit être remis au salarié au moment de son départ. Cet état précise le détail des sommes épargnées, les avoirs disponibles et les modalités du transfert[75].

La loi Macron a rajouté une nouvelle mention sur cet état récapitulatif relatif aux frais de tenue de compte qui seront facturés au salarié s'il conserve ses avoirs sur le PEE. En effet, lorsque le salarié est titulaire d'un contrat en vigueur dans l'entreprise, les frais de tenue de compte sont payés directement par l'entreprise. Lorsque le salarié n'a plus de contrat avec l'entreprise, les frais de tenue de compte lui sont facturés directement.

94 - Dans le cadre d'un PERCO (Plan épargne retraite collectif), quel sera l'impact sur le bulletin de paie ?

Un PERCO[76] peut être mis en place dans les entreprises qui dispose déjà d'un PEE. À la différence du PEE, où les sommes sont bloquées pendant cinq ans, le PERCO permet de se constituer une épargne pour la retraite, où les avoirs sont bloqués jusqu'au départ en retraite, sauf cas de déblocage anticipé.

Fonctionnement du PERCO

Le PERCO est alimenté par des versements du salarié ou des contributions de l'employeur. Le schéma suivant synthétise ces possibilités.

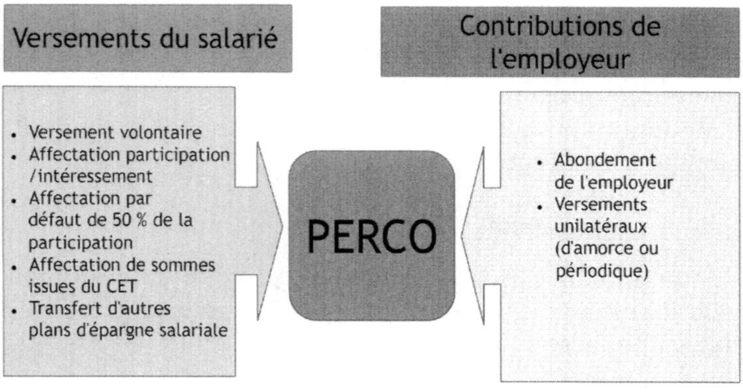

75. *Article L. 3341-7 du Code du travail.*
76. *Articles L. 3334-1 du Code du travail et suivants.*

Les impacts en paie du PERCO sont les suivants :

Régime fiscal	Régime social
Versement de l'entreprise dans le cadre du PERCO	
Exonéré d'impôt sur le revenu dans la limite de 16 % du PASS	Exonéré de cotisations sociales dans la limite de 16 % PASS Assujetti à la CSG/CRDS au taux de 8 % sans abattement et au forfait social au taux de 20 % (sauf taux réduit)
Sommes issues d'un CET (ne constituant pas un abondement) Régime de faveur à hauteur de 10 jours/an/bénéficiaire	
Exonération d'impôt sur le revenu	Exonération des cotisations salariales et patronales d'assurance maladie, assurance vieillesse et allocations familiales Restent dues : FNAL, versement transport, contribution solidarité autonomie, CSG/CRDS, accident du travail, assurance chômage, retraite complémentaire Forfait social exonéré
Sommes provenant de la participation, intéressement ou abondement et affecté à un PERCO proposant par défaut un fonds à gestion pilotée et comportant un ratio suffisant de titres PME/ETI	
Exonéré d'impôt sur le revenu dans la limite de 16 % du PASS	Exonéré de cotisations sociales dans la limite de 16 % PASS Assujetti à la CSG/CRDS au taux de 8 % sans abattement et au forfait social au taux de 16 % (taux réduit)

Les cas de déblocage du PERCO sont beaucoup plus restrictifs que ceux existant pour le PEE[77].

En effet, l'objet du PERCO est de se constituer des droits à la retraite, et non pas de servir à une épargne de précaution. Avant de faire des versements, le salarié devra être attentif au délai de blocage qu'il devra respecter avant de pouvoir récupérer ses avoirs.

Cas de déblocages anticipés du PERCO

- Décès du bénéficiaire, de son conjoint ou du partenaire lié par un PACS.
- Expiration des droits à l'assurance chômage.
- Invalidité du bénéficiaire, de son conjoint ou partenaire lié par un PACS, ou de ses enfants.
- Situation de surendettement.
- L'acquisition ou l'agrandissement de la résidence principale, ou la remise en état suite à catastrophe naturelle.

77. Article R. 3334-4 du Code du travail.

L'essentiel

- Les sommes versées dans le cadre de l'épargne salariale échappent aux cotisations sociales. Certaines contributions restent dues, pour le salarié : la CSG et la CRDS, pour l'employeur : le forfait social, voire la taxe sur les salaires s'il y est assujetti.
- Lors de l'attribution d'épargne salariale au salarié, une feuille de répartition doit lui être remise.
- S'il existe un dispositif d'épargne salariale, l'employeur doit réaliser un livret d'épargne salariale. Ce livret est à remettre aux salariés à l'embauche, tous les ans, et au moment du départ.

Chapitre 13

Compteurs de congés payés et autres compteurs

95 - Les compteurs de congés payés sont-ils obligatoires sur le bulletin de paie ?

Les compteurs de congés payés ne font pas partie des mentions obligatoires du bulletin de paie (cf. question 7). Ils ne figurent donc pas obligatoirement sur le bulletin de paie, cependant les impératifs de gestion font qu'il est préconisé de les faire apparaître sur le bulletin.

Mention non obligatoire

Le Code du travail impose de mentionner sur le bulletin les dates de prise des congés payés et l'indemnité correspondante[78].

Concernant la mention de l'indemnité correspondante, s'il y a maintien de salaire, le montant de l'indemnité de congés payés peut être intégré directement dans le salaire de base. Cependant, même si le montant n'apparaît pas sur le bulletin de paie, il est impératif de le calculer pour le comparer avec le montant du dixième (cf. question 53).

Impératifs de gestion

Un employeur doit être à même de justifier que la législation sur les congés payés est respectée dans l'entreprise. Les salariés doivent bénéficier de leurs congés payés. Il s'agit d'une disposition d'ordre public.

78. Article R. 3243-1 du Code du travail.

Règles encadrant la prise des congés

Le salarié doit prendre ses congés payés pendant la période légale de prise des congés.

Les périodes de congés

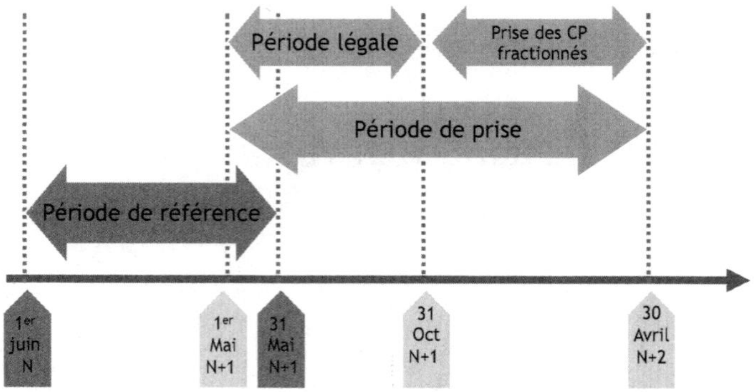

Des règles spécifiques sont à respecter :

- Pour le congé principal
- Avis des représentants du personnel sur l'ordre des départs en congés[79].

Le congé principal doit être au minimum de deux semaines et au maximum de quatre semaines. La 5e semaine ne peut être accolée sauf[80] :

- Contraintes géographiques : salariés étrangers ou ressortissants des DOM.
- Ou présence au sein du foyer d'en enfant ou adulte handicapé ou d'une personne âgée en perte d'autonomie[81].

Pour les congés payés hors congé principal

L'employeur est responsable de l'organisation et de la prise des congés. Les congés ne peuvent être remplacés par une indemnité compensatrice (sauf en cas de départ). Il y a une obligation de repos pour les salariés. C'est à l'employeur de prouver qu'il a respecté toutes ses obligations pour organiser le départ en congés de ses salariés[82].

79. Article L. 3141-14 du Code du travail.
80. Article L. 3141-17 du Code du travail.
81. Nouvelles dispositions introduites par la Loi travail du 8 août 2016.
82. Cassation du 13 juin 2012.

Afin de pouvoir justifier du respect de ces règles, les dates de congés mentionnées sur le bulletin deviennent donc incontournables !

96 - Mon compteur de congés payés mentionné sur le bulletin est erroné. Que puis-je faire ?

Il est impératif de contacter votre employeur afin de procéder à une régularisation. Le bulletin de paie est une pièce essentielle. Nous avons vu (question 9) que toute mention erronée sur le bulletin engage l'employeur et le salarié par la suite. Afin d'éviter des situations litigieuses, il faut corriger la situation au plus vite.

Situations devant entraîner une régularisation

Si les informations erronées sont en faveur du salarié, le salarié est fondé à réclamer l'application effective des éléments mentionnés à tort sur le bulletin (charge à l'employeur de prouver qu'il s'agit effectivement d'une erreur).

Si les mentions sont en défaveur du salarié, il est aussi indispensable de rétablir les informations réelles sur le bulletin, en fournissant éventuellement les informations nécessaires pour rétablir les droits.

97 - Pourquoi décompte-t-on les samedis lorsque l'on prend une semaine de congés payés ?

Il existe trois unités de décompte des jours de congés payés. Le mode de décompte légal, utilisé dans le Code du travail et par l'administration est le décompte en jours ouvrables.

Il est cependant possible d'utiliser une autre unité de décompte à partir du moment où ce choix n'est pas défavorable au salarié[83].

83. Article L. 3141-3 du Code du travail.

Trois unités de décompte des jours de congés

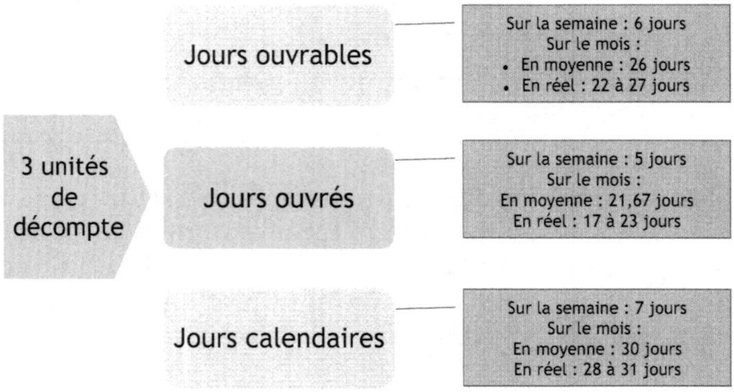

Les jours ouvrables : ensemble des jours de la semaine, à l'exception du jour de repos hebdomadaire (généralement le dimanche) et des jours fériés.

Jours ouvrés : les jours travaillés dans la semaine, soit 5 jours pour des salariés ouverts du lundi au vendredi.

Jours calendaires : ensemble des jours de la semaine.

Comment décompter les jours de congés payés pris[84] ?

	1er jour de congés	Incidence d'un jour férié	Dernier jour de congés
Décompte en jours ouvrables	1er jour où le salarié aurait dû travailler	Ne sont pas comptabilisés dans les jours de congés pris (si le jour férié est chômé dans l'entreprise)	Dernier jour ouvrable avant la reprise, même s'il n'est pas travaillé
Décompte en jours ouvrés	1er jour où le salarié aurait dû travailler	Ne sont pas comptabilisés dans les jours de congés pris (si le jour férié est chômé dans l'entreprise)	Dernier jour ouvré
Décompte en jours calendaires	1er jour où le salarié aurait dû travailler	Ne sont pas comptabilisés dans les jours de congés pris (si le jour férié est chômé dans l'entreprise)	Dernier jour calendaire, même s'il n'est pas travaillé

84. *Tableau extrait de* Dictionnaire permanent social numéro spécial : Jours fériés et congés payés. *Éditions législatives.*

☞ *M. Orchid prend ses congés payés du 7 au 22 août 2017.*

Le décompte des congés payés pris est le suivant :

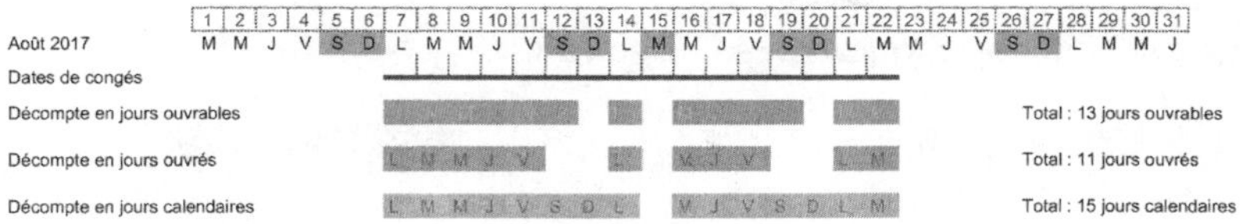

Acquisition et décompte des congés doivent être calculés de façon identique

Le décompte des congés et l'acquisition doivent être effectués en utilisant la même notion de jours. Au global, si le salarié a travaillé la totalité de l'année, il acquiert ses cinq semaines de congés payés légaux, qui représente donc :

- 30 jours ouvrables de congés.
- 25 jours ouvrés de congés.
- 35 jours calendaires de congés.

Donc quelle que soit l'unité de décompte choisie les droits à congés sont identiques pour le salarié. Le salarié se retrouvera dans tous les cas de figure avec ses cinq semaines de congés à prendre qui lui sont décomptées pour chaque semaine, à hauteur de :

- 6 jours ouvrables de congés.
- 5 jours ouvrés de congés.
- 7 jours calendaires de congés.

98 - Mon compteur de compte personnel de formation n'apparaît pas sur mon bulletin de paie. Est-ce normal ?

Le compte personnel de formation a vu le jour au 1er janvier 2015. Ce compte prend le relais du DIF (droit individuel à la formation). Contrairement au DIF, le CPF n'apparaît pas sur le bulletin de paie. Le compteur est mis à jour par les informations transmises par les déclarations de salaire.

Acquisition des heures dans le CPF

Chaque salarié acquiert des heures de formation à hauteur d'un plafond de 150 heures[85].

Le principe de l'acquisition est le suivant :

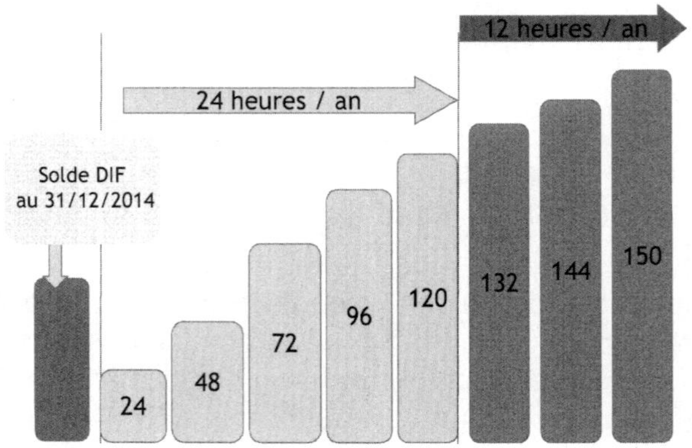

Modalités d'acquisition des heures

Le salarié acquiert 24 heures par an de CPF, s'il a travaillé à temps complet sur la totalité de l'année. En cas d'entrée/sortie, de temps partiel, d'absence maladie, l'acquisition des heures est réduite.

Certaines absences sont assimilées à du travail effectif pour l'acquisition des heures de formation[86] :

- Maladie professionnelle et accident du travail.
- Congé de maternité, paternité et adoption.
- Congé de présence parentale, congé de proche aidant, congé parental d'éducation.

En complément de ces heures acquises par le salarié, des compléments d'heures ou abondement peuvent être rajoutés au compte du salarié, abondements versés par l'employeur, les OPCA (organismes paritaires collecteurs agréés), Pôle Emploi, l'AGEFIPH, la CNAV, les régions.

La Loi travail rajoute de nouveaux systèmes d'abondements à compter de 2017, notamment pour les salariés qui n'ont pas atteint un certain

85. Article L. 6323-1 du Code du travail.
86. Article L. 6323-12 du Code du travail.

niveau de qualification (diplôme de niveau V), et pour les jeunes sortis du système éducatif sans diplôme.

Site Internet dédié

La gestion du CPF n'est pas du ressort de l'employeur. En effet, le CPF est un compte transférable qui suit le salarié d'une entreprise à l'autre, jusqu'à la liquidation des droits à la retraite.

La gestion du compte est confiée à la Caisse des Dépôts et Consignations, qui a créé un site Internet à cet effet : http://www.moncompteformation.gouv.fr/

Il appartient au salarié de créer son CPF en se rendant sur le site et ouvrant son compte. Le salarié devra également saisir le solde d'heures de DIF acquises au 31 décembre 2014 qui viennent alimenter son compte.

3,3 millions de comptes sont ouverts en octobre 2016, selon le portail d'information du CPF (www.cpformation.com), à rapporter aux 26 millions de salariés de droit privé potentiellement concernés par le dispositif !

À compter de 2017, le CPF sera intégré au compte personnel d'activité, créé par la Loi travail. Le compte personnel d'activité sera ouvert à toute personne active d'au moins 16 ans. Les personnes ayant fait valoir leurs droits à la retraite auront également le droit au dispositif.

Le compte personnel d'activité se compose[87] :
- du CPF ;
- du compte personnel de prévention de la pénibilité ;
- du compte d'engagement citoyen.

À suivre, donc !

99 - À quoi correspond le compteur de COR (contrepartie obligatoire en repos) ?

Un salarié effectuant des heures supplémentaires au-delà du contingent annuel, acquiert, en plus du paiement de ses heures supplémentaires, un droit à repos, la COR[88].

87. *Article L. 5151-5 du Code du travail.*
88. *Article L. 3121-11 du Code du travail.*

À quoi correspond ce contingent annuel d'heures supplémentaires ?

Le Code du travail fixe un contingent annuel d'heures supplémentaires. Le contingent réglementaire est de 220 heures, un contingent conventionnel pouvant être fixé par accord collectif (de branche, d'entreprise ou d'établissement). Ce contingent conventionnel peut être supérieur ou inférieur au contingent réglementaire. En application du principe de hiérarchie des normes, applicables en matière de durée du travail, la priorité sera donnée à l'accord d'entreprise ou d'établissement au détriment de la loi ou la branche, ceci pour les accords conclus depuis le 10 août 2016.

Contingent d'heures supplémentaires

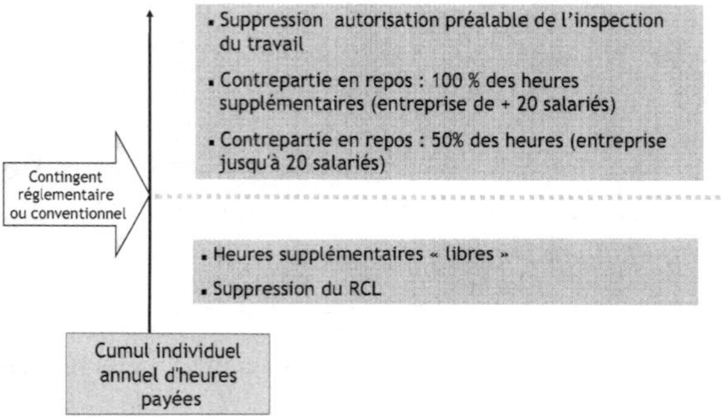

Seules les heures supplémentaires qui sont payées au salarié s'imputent sur le contingent annuel. Les heures supplémentaires qui sont récupérées ne sont pas prises en compte.

De la même façon les heures supplémentaires rendues nécessaires pour des impératifs de sécurité ne sont pas prises en compte[89].

Prise de la contrepartie obligatoire en repos

Le salarié doit être informé régulièrement de ses acquis au titre de la COR. Le défaut d'information étant passible de pénalités.

À défaut d'accord collectif sur le sujet, les modalités d'utilisation de la COR est la suivante :

Dès que le salarié acquiert 7 heures de COR, une annexe doit être remise au salarié, l'informant de l'ouverture du droit à la COR.

89 *Article L. 3132-4 du Code du travail.*

Une journée de repos doit alors être prise dans les 2 mois à compter de l'ouverture du droit. Ce repos peut être pris par journée entière ou demi-journée.

Les droits acquis au titre du COR doivent être accordés sous forme de repos (comme leur nom l'indique !). Il est interdit de remplacer le repos par une indemnité compensatrice, sauf en cas de rupture du contrat. Dans ce cas, les droits restants seront soldés avec les autres éléments du solde de tout compte.

100 - Quels sont les nouveaux droits à congés pour événements familiaux suite à la Loi travail ?

La Loi travail modifie les autorisations d'absences accordées par le Code du travail pour certains événements familiaux[90].

De nouveaux congés sont rajoutés et la durée de congés existants est rallongée.

Congés légaux pour événements familiaux

Événement	Durée du congé suite à la Loi travail
Mariage ou PACS	4 jours
Mariage d'un enfant	1 jour
Naissance ou adoption d'un enfant	3 jours
Décès d'un enfant	5 jours
Décès du conjoint, du partenaire lié par un PACS, du concubin, du père, de la mère, du beau-père, de la belle-mère, d'un frère, d'une sœur	3 jours
Annonce de la survenue d'un handicap chez l'enfant	2 jours

Les modifications apportées :

- La durée des autorisations d'absence à l'occasion d'un décès d'un membre de la famille est augmentée. En cas de décès d'un enfant, le congé passe de 3 à 5 jours, pour le décès du conjoint ou partenaire lié par un PACS, le congé passe de 2 à 3 jours, pour le décès de ses parents, beaux-parents, frère ou sœur, le congé passe de 1 à 3 jours.

90. Article L. 3142-1 du Code du travail.

- Par ailleurs de nouvelles autorisations d'absences sont créées :
  - Le congé de 3 jours en cas de décès du conjoint ou du partenaire lié par un PACS est également accordé en cas de décès du concubin du salarié.
  - L'annonce de la survenue d'un handicap chez l'enfant ouvre droit à un congé de 2 jours pour les parents.

Ces nouvelles dispositions légales, qui sont applicables au lendemain de la publication de la Loi travail, soit le 10 août 2016, sont à comparer aux dispositions prévues par votre convention collective. Si la convention collective est plus favorable, les dispositions conventionnelles sont à appliquer.

Ces autorisations d'absence sont accordées quel que soit l'effectif de l'entreprise, et sans condition d'ancienneté particulière.

Le congé événement familial est un droit pour le salarié, et non une obligation. C'est au salarié de le mettre en oeuvre. La demande de l'autorisation d'absence doit être effectuée dans une période raisonnable entourant l'événement. Le salarié doit être en mesure de justifier de l'événement, par tous moyens.

Si le salarié est absent lors de l'événement familial (congés payés, maladie...), les jours pour événement familial ne sont pas dus au salarié. Le salarié ne peut pas exiger le prolongement de son absence ou le versement d'une indemnité compensatrice[91]. Le décompte des jours est effectué en jours ouvrables (cf. question 97).

91. Cass. Soc. 11 octobre 1994.

L'essentiel

- Concernant les congés payés, seule la mention des dates de congés pris est obligatoire sur le bulletin de paie, la présence des compteurs de congés n'est pas obligatoire légalement. Cependant, c'est une nécessité de gestion !
- Les jours de congés payés peuvent être gérés en jours ouvrés, ouvrables ou calendaires. L'employeur choisi l'unité de décompte, ce choix ne doit pas léser les droits du salarié.
- Un salarié effectuant beaucoup d'heures supplémentaires acquiert un droit supplémentaire à repos : la contrepartie obligatoire en repos.

Annexes

Annexe 1 - Ce que dit le Code du travail

Article L. 3243-1

Les dispositions du présent chapitre s'appliquent à toutes les personnes salariées ou travaillant à quelque titre ou en quelque lieu que ce soit pour un ou plusieurs employeurs et quels que soient le montant et la nature de leurs rémunérations, la forme, ou la validité de leur contrat.

Article L. 3243-2

Lors du paiement du salaire, l'employeur remet aux personnes mentionnées à l'article L. 3243-1 une pièce justificative dite bulletin de paie. Avec l'accord du salarié concerné, cette remise peut être effectuée sous forme électronique, dans des conditions de nature à garantir l'intégrité des données. Il ne peut exiger aucune formalité de signature ou d'émargement autre que celle établissant que la somme reçue correspond bien au montant net figurant sur ce bulletin.

Les mentions devant figurer sur le bulletin ou y être annexées sont déterminées par décret en Conseil d'État.

Article L. 3243-3

L'acceptation sans protestation ni réserve d'un bulletin de paie par le travailleur ne peut valoir de sa part renonciation au paiement de tout ou partie du salaire et des indemnités ou accessoires de salaire qui lui sont dus en application de la loi, du règlement, d'une convention ou d'un accord collectif de travail ou d'un contrat.

Cette acceptation ne peut valoir non plus compte arrêté et réglé au sens de l'article 1269 du Code de procédure civile.

Article L. 3243-4

L'employeur conserve un double des bulletins de paie des salariés ou les bulletins de paie remis aux salariés sous forme électronique pendant cinq ans.

Article L. 3243-5

Il peut être dérogé à la conservation des bulletins de paie, pour tenir compte du recours à d'autres moyens, notamment informatiques, dans les conditions prévues au deuxième alinéa de l'article L. 8113-6.

Article R. 3243-1

Le bulletin de paie prévu à l'article L. 3243-2 comporte :

1° Le nom et l'adresse de l'employeur ainsi que, le cas échéant, la désignation de l'établissement dont dépend le salarié ;

2° Le numéro de la nomenclature d'activité mentionnée au 1° de l'article R. 123-223 du Code de commerce caractérisant l'activité de l'établissement d'emploi ainsi que, pour les employeurs inscrits au répertoire national des entreprises et des établissements, le numéro d'inscription de l'employeur au répertoire national mentionné à l'article R. 123-220 du même code ;

3° S'il y a lieu, l'intitulé de la convention collective de branche applicable au salarié ou, à défaut, la référence au Code du travail pour les dispositions relatives à la durée des congés payés du salarié et à la durée des délais de préavis en cas de cessation de la relation de travail ;

4° Le nom et l'emploi du salarié ainsi que sa position dans la classification conventionnelle qui lui est applicable. La position du salarié est notamment définie par le niveau ou le coefficient hiérarchique qui lui est attribué ;

5° La période et le nombre d'heures de travail auxquels se rapporte le salaire en distinguant, s'il y a lieu, les heures payées au taux normal et celles qui comportent une majoration pour heures supplémentaires ou pour toute autre cause et en mentionnant le ou les taux appliqués aux heures correspondantes :

a) La nature et le volume du forfait auquel se rapporte le salaire des salariés dont la rémunération est déterminée sur la base d'un forfait hebdomadaire ou mensuel en heures, d'un forfait annuel en heures ou en jours ;

b) L'indication de la nature de la base de calcul du salaire lorsque, par exception, cette base de calcul n'est pas la durée du travail ;

6° La nature et le montant des accessoires de salaire soumis aux cotisations salariales et patronales ;

7° Le montant de la rémunération brute du salarié ;

8° a) Le montant, l'assiette et le taux des cotisations et contributions d'origine légale et conventionnelle à la charge de l'employeur et du salarié avant déduction des exonérations et exemptions mentionnées au 12° ;

b) La nature et le montant des versements et retenues autres que celles mentionnées au a effectués sur la période, notamment au titre de la prise en charge des frais de transport public ou de frais de transports personnels ;

9° Le montant de la somme effectivement reçue par le salarié ;

10° La date de paiement de cette somme ;

11° Les dates de congé et le montant de l'indemnité correspondante, lorsqu'une période de congé annuel est comprise dans la période de paie considérée ;

12° Le montant total des exonérations et exemptions de cotisations et contributions sociales qui figurent dans l'annexe mentionnée au 5° du III de l'article LO 111-4 du Code de la Sécurité sociale, appliquées à la rémunération mentionnée au 7° ;

13° Le montant total versé par l'employeur, c'est-à-dire la somme de la rémunération mentionnée au 7° et des cotisations et contributions à la charge de l'employeur mentionnées au a du 8°, déduction faite des exonérations et exemptions des mêmes cotisations et contributions mentionnées au 12° ;

14° La mention de la rubrique dédiée au bulletin de paie sur le portail www. service-public. fr.

Aux termes de l'article 2 du décret n° 2016-190 du 25 février 2016, les dispositions du présent décret sont applicables à compter du 1er janvier 2017 pour les employeurs d'au moins 300 salariés au sens de l'article L. 1111-2 du Code du travail, et à compter du 1er janvier 2018 pour les employeurs de moins de 300 salariés au sens de l'article L. 1111-2 du Code du travail.

Article R. 3243-2

Les informations mentionnées aux a du 8°, 12° et 13° de l'article R. 3243-1 sont libellées et ordonnées ainsi que, pour les éléments à la charge de l'employeur, regroupées conformément à un modèle défini par arrêté des ministres chargés de la Sécurité sociale et du travail.

La contribution mentionnée à l'article L. 136-3 du Code de la Sécurité sociale et la contribution prévue à l'article 14 de l'ordonnance n° 96-50 du 24 janvier 1996 relative au remboursement de la dette sociale sont agrégées. Les contributions autres que les contributions sociales mentionnées au a du 8° sont également agrégées dans une seule rubrique, qui donne le montant total de cette contribution.

Aux termes de l'article 2 du décret n° 2016-190 du 25 février 2016, les dispositions du présent décret sont applicables à compter du 1er janvier 2017 pour les employeurs d'au moins 300 salariés au sens de l'article L. 1111-2 du Code du travail, et à compter du 1er janvier 2018 pour les employeurs de moins de 300 salariés au sens de l'article L. 1111-2 du Code du travail.

Article R. 3243-3 abrogé

Article R. 3243-4

Il est interdit de faire mention sur le bulletin de paie de l'exercice du droit de grève ou de l'activité de représentation des salariés. La nature et le montant de la rémunération de l'activité de représentation figurent sur une fiche annexée au bulletin de paie qui a le même régime juridique que celui-ci et que l'employeur établit et fournit au salarié.

Article R. 3243-5

Le bulletin de paie comporte en caractères apparents une mention incitant le salarié à le conserver sans limitation de durée.

Article R. 3243-6

Par dérogation aux dispositions prévues à l'article R. 3243-1, le bulletin de paie des salariés liés par contrats conclus par une personne physique pour un service rendu à son domicile peut ne pas comporter les mentions suivantes :

1° La position du salarié dans la classification conventionnelle qui lui est applicable ;

2° Le montant de la rémunération brute du salarié ;

3° La nature et le montant des cotisations patronales de Sécurité sociale assises sur cette rémunération brute.

Annexe 2 - Modèle de bulletin salarié non cadre

Exemple de bulletin de paie d'un salarié non cadre, reprenant la nouvelle présentation obligatoire à compter du 1er janvier 2017 pour les entreprises d'au moins 300 salariés, et à compter du 1er janvier 2018 pour les autres entreprises.

Ce bulletin correspond à un salarié travaillant dans une entreprise de plus de 20 salariés, dépendant du régime général, assujettie à un taux de versement transport de 1 % et un taux d'accident du travail de 1,5 %. Le salarié est affilié à une complémentaire santé (cotisations forfaitaires mentionnées sur le bulletin).

Bulletin de paie

Période du 01/01/2017 au 31/01/2017

Salarié	Employeur
Nom	Société
Prénom	Adresse
Emploi	Convention Collective
Qualification	N° SIREN / code APE

Date de paiement : 25/01/17

Éléments du brut *Libellé*	*Base*	*Taux*	*Montant*
Salaire de base	151h67		2000
Salaire brut			2000

Cotisations et contributions sociales	*Base*	*Taux salarial*	*Part salarié*	*Taux patronal*	*Part employeur*
Santé					
Sécurité sociale-Maladie-Maternité-Invalidité-Décès	2000	0,75%	15,00	12,89%	257,8
Complémentaire Incapacité Invalidité Décès		-		-	
Complémentaire Santé	2000		35,00		45
Accident du travail – Maladies professionnelle	2000			1,50%	30
Retraite					
Sécurité sociale plafonnée	2000	6,90%	138,00	8,55%	171
Sécurité sociale déplafonnée	2000	0,40%	8,00	1,90%	38
Complémentaire Tranche 1	2000	3,90%	78,00	5,85%	117
Complémentaire Tranche 2					
Supplémentaire					
Famille-Sécurité sociale	2000			3,45%	69
Assurance Chômage	2000	2,40%	48,00	4,20%	84
Autres contributions dues par l'employeur					
Forfait social	45			8,00%	3,6
Autres contributions	2000			3,956%	79,12
Cotisations statutaires ou prévues par la convention collective		-		-	
CSG non imposable à l'impôt sur le revenu	2010,00	5,10%	102,51		
CSG/CRDS imposable à l'impôt sur le revenu	2010,00	2,90%	58,29		
Allègement de cotisations					-175
Total des cotisations et contributions			**482,80**		**719,52**

Ajout de bas de bulletin	+
Déduction de base de bulletin	-

Net imposable	Total versé par l'employeur
1620,49	2719,52

Net payé en euros	Allègement de cotisations
1517,2	211

Conservez ce bulletin sans limitation de durée

Pour toute question concernant ce bulletin de paie, vous pouvez consulter le site www.service-public.fr

Commentaires concernant ce bulletin de paie

Autres contributions dues par l'employeur : le taux de 3,956 % correspond aux cotisations et contributions suivantes :
- contribution de solidarité autonomie (0,30 %),
- FNAL (0,50 %), versement transport (1 %),
- dialogue social (0,016 %),
- cotisation pénibilité de base (0,01 %)
- taxe apprentissage (0,68 %),
- participation formation (1 %),
- effort construction (0,45 %).

Allègement de cotisations (dans le corps du bulletin de paie) :
- Correspond au montant de la réduction des cotisations patronales :
- Coefficient : 0,2849/0,6 x [(1,6 x 1480,30 / 2000) - 1] = 0,0875
- Réduction : 0,0875 x 2000 =175,00

Allègement de cotisations (dans les compteurs de bas de bulletin) : Correspond au montant de la réduction des cotisations patronales, et au montant de la réduction du taux d'allocations familiales, soit 175,00 + (1,8% x 2000 = 36,00) = 211,00

Complémentaire tranche 1 :
Les cotisations de retraite complémentaire intègrent la cotisation AGFF, le taux de 3,90 % en salarial correspond à 3,10 % + 0,80 % et les 5,85 % en patronal intègre les cotisations : 4,65 % + 1,20 %.

Assurance chômage :
Les cotisations chômage intègrent l'AGFF, le taux de 4,20 % en patronal correspond à 4 % + 0,20 %.

Net imposable :
Le net imposable correspond au total brut (2 000 €) diminué du total des cotisations (482,80 €) auquel on rajoute la CSG/CRDS imposable (58,29 €) et la cotisation patronale complémentaire santé (45 €).

Annexe 3 - Modèle de bulletin salarié cadre

Exemple de bulletin de paie d'un salarié cadre, reprenant la nouvelle présentation obligatoire à compter du 1er janvier 2017 pour les entreprises d'au moins 300 salariés, et du 1er janvier 2018 pour les autres entreprises.

Il correspond à un salarié travaillant dans une entreprise de plus de 20 salariés, dépendant du régime général, assujettie à un taux de versement transport de 1 % et un taux d'accident du travail de 1,5%. Le salarié est affilié à une complémentaire santé (cotisations forfaitaires mentionnées sur le bulletin), et à un contrat de prévoyance complémentaire invalidité et décès (taux mentionnés sur le bulletin de paie).

Bulletin de paie

Période du 01/01/2017 au 31/01/2017

Salarié	Employeur
Nom	Société
Prénom	Adresse
Emploi	Convention Collective
Qualification	N° SIREN / code APE

Date de paiement : 25/01/17

Éléments du brut *Libellé*	*Base*	*Taux*	*Montant*
Salaire de base	151h67		3700
Salaire brut			3700

Cotisations et contributions sociales	*Base*	*Taux salarial*	*Part salarié*	*Taux patronal*	*Part employeur*
Santé					
Sécurité sociale-Maladie-Maternité-Invalidité-Décès	3700	0,75%	27,75	12,89%	476,93
Complémentaire Incapacité Invalidité Décès	3700	1,00%	37,00	1,50%	55,5
Complémentaire Santé	3700		55,00		55
Accident du travail – Maladies professionnelle	3700			1,50%	55,5
Retraite					
Sécurité sociale plafonnée	3269	6,90%	225,56	8,55%	279,5
Sécurité sociale déplafonnée	3700	0,40%	14,80	1,90%	70,3
Complémentaire Tranche A	3269	4,03%	131,74	6,07%	198,43
Complémentaire GMP					
Complémentaire Tranche B	431	8,83%	38,06	14,27%	61,5
Complémentaire TC					
Supplémentaire					
Famille-Sécurité sociale	3700			3,45%	127,65
Assurance Chômage					
Chômage	3700	2,40%	88,80	4,20%	155,4
APEC	3700	0,024%	0,89	0,036%	1,33
Autres contributions dues par l'employeur					
Forfait social	110,5			8,00%	8,84
Autres contributions	3700			3,956%	146,37
Cotisations statutaires ou prévues par la convention collective	-			-	
CSG non imposable à l'impôt sur le revenu	3745,75	5,10%	191,03		
CSG/CRDS imposable à l'impôt sur le revenu	3745,75	2,90%	108,63		
Allègement de cotisations					
Total des cotisations et contributions			**919,26**		**1692,25**

Ajout de bas de bulletin	+
Déduction de base de bulletin	-

Net imposable	Total versé par l'employeur
2944,37	5392,25

Net payé en euros	Allègement de cotisations
2780,74	66,6

Conservez ce bulletin sans limitation de durée

Pour toute question concernant ce bulletin de paie, vous pouvez consulter le site www.service-public.fr

Commentaires concernant ce bulletin de paie

Cotisations retraite complémentaire Tranche A : la ligne retraite complémentaire regroupe les cotisations retraite complémentaire, l'AGFF et la CET.

Le taux de 4,03% en salarial correspond à 3,10 % + 0,13 % + 0,90 %, le taux de 6,07% en patronal correspond à 4,65 % + 0,22 % + 1,20 %.

Cotisations retraite complémentaire Tranche B : la ligne retraite complémentaire regroupe les cotisations retraite complémentaire, l'AGFF et la CET.

Le taux de 8,83 % en salarial correspond à 7,80 % + 0,13 % + 0,90 %, le taux de 14,27 % en patronal correspond à 12,75 % + 0,22 % + 1,3 %

Allègement de cotisations (compteurs de bas de bulletin) : le montant de 66,6 € correspond à la réduction d'allocations familiales réservée aux salariés percevant un salaire inférieur à 3,5 SMIC, soit 1,80% x 3700.

Annexe 4 - Tableau récapitulatif des cotisations et contributions sociales

Charges sociales et fiscales sur salaire					
Taux au 1er janvier 2017					
	Charges sociales et fiscales sur salaire	Taux salarial	Taux patronal	Total	Assiette de calcul
Charges sociales	**Cotisations de Sécurité sociale**				
	Maladie, maternité, invalidité, décès	0,75%	12,89%	13,64%	Totalité du salaire
	- en Alsace-Moselle	2,25%	12,89%	15,14%	
	Vieillesse plafonnée	6,90%	8,55%	15,45%	Tranche A
	Vieillesse déplafonnée	0,40%	1,90%	2,30%	Totalité du salaire
	Allocations familiales				
	- taux réduit		3,45%	3,45%	Totalité du salaire
	- taux plein		5,25%	5,25%	Totalité du salaire
	Accident du travail		variable	variable	Totalité du salaire
	Contribution solidarité autonomie		0,30%	0,30%	Totalité du salaire
	Contribution logement FNAL				
	- entreprises < 20 salariés		0,10%	0,10%	Tranche A
	- entreprises >= 20 salariés		0,50%	0,50%	Totalité du salaire
	Versement transport (entreprises >=11salariés)		variable	variable	Totalité du salaire
	Cotisation pénibilité de base		0,01%	0,01%	Totalité du salaire
	Contribution dialogue social		0,016%	0,016%	Totalité du salaire
	Fonds de garantie des salaires		0,20%	0,20%	Tranches A et B
	Assurance chômage	2,40%	4,00%	6,40%	Tranches A et B
	Retraite complémentaire des non-cadres				
	- sur T1	3,10%	4,65%	7,75%	Tranche 1
	- sur T2	8,10%	12,15%	20,25%	Tranche 2
	Retraite complémentaire cadres				
	- sur TA	3,10%	4,65%	7,75%	Tranche A
	- sur TB	7,80%	12,75%	20,55%	Tranche B
	- sur TC	répartition variable	répartition variable	20,55%	Tranche C
	- CET	0,13%	0,22%	0,35%	Tranches A, B et C
	AGFF				
	- cadres et non-cadres	0,80%	1,20%	2,00%	Tranche A ou 1
	- non-cadres	0,90%	1,30%	2,20%	Tranche 2
	- cadres	0,90%	1,30%	2,20%	Tranches B et C
	APEC	0,024%	0,036%	0,060%	Tranches A et B
	Prévoyance cadres minimum		1,50%	1,50%	Tranche A

	Charges sociales et fiscales sur salaire	Taux salarial	Taux patronal	Total	Assiette de calcul
Charges fiscales	**Forfait social prévoyance**		8,00%	8,00%	Cotisations patronales prévoyance
	Taxe d'apprentissage		0,68%	0,68%	Totalité du salaire
	Participation formation				
	- entreprises < 11 salariés		0,55%	0,55%	Totalité du salaire
	- entreprises >= 11 salariés		1,00%	1,00%	Totalité du salaire
	Taxe sur les salaires		4,25%	4,25%	De 0 à 7 721 € annuels
			8,50%	8,50%	De 7 721à 15 417 € annuels
			13,60%	13,60%	De 15 417 à 152 279 € annuels
			20,00%	20,00%	Au delà de 152 279 € annuels
	CICE (entreprises en métropole)		7,00%	7,00%	Salaire brut des salariés éligibles
	Participation construction entreprises >= 20 salariés		0,45%	0,45%	Totalité du salaire
Contributions	**CSG**	2,40%		2,40%	
	CSG imposable	5,10%		5,10%	98,25% (salaire limité à 4 plafonds) + 100% cotisations patronales prévoyance
	CSG non imposable	0,50%		0,50%	
	CRDS imposable	0,50%		0,50%	
	CRDS imposable	0,50%		0,50%	

Bibliographie et webographie

Dictionnaire permanent social - Editions Législatives

Dictionnaire permanent paie - Editions Législatives

Dictionnaire paie - Groupe Revue Fiduciaire

Dictionnaire social - Groupe Revue Fiduciaire

La paie : droit du travail et charges sociales, Antoine Fonteneau - GERESO Édition

Feuillet rapide social 18/16 relatif à la Loi travail

N° spécial n° 984 *Dictionnaire permanent social, Éditions Législatives* mars 2016 congés payés et jours fériés

N° spécial n° 989 *Dictionnaire permanent social, Éditions Législatives* septembre 2016 Loi travail

Circulaire question/réponses - DSS du 19 août 2005 sur les avantages en nature et frais professionnels

Sur Internet :

www.urssaf.fr

www.acoss.fr

www.moncompteformation.gouv.fr

www.service-public.fr (information sur le nouveau modèle de bulletin de paie)

www.gouvernement.fr/bulletin-de-paie/

www.lassuranceretraite.fr

www.agirc-arrco.fr

www.ameli.fr/(site de l'assurance maladie)

www.travail-emploi. gouv.fr/

http://www.economie.gouv.fr/prelevement-a-la-source

www.impots.gouv.fr

www.cesu.urssaf.fr

Stéphane LIZIARD est consultant-formateur indépendant en paie et administration du personnel.

À ce titre, il conçoit et anime des stages sur les aspects quantitatifs des RH (techniques de paie, masse salariale, gestion sociale, actualité paie et administration du personnel).

Il effectue aussi des missions de conseil et assistance aux entreprises sur la paie et l'administration du personnel.

Ayant précédemment occupé des fonctions de responsable paie et administration du personnel, notamment dans un groupe agro-alimentaire en Bretagne, et des fonctions de responsable du service paie dans un centre de gestion, il dirige désormais son cabinet de conseil et formation 02consulting, basé à Paris et à Brest.

Consultant-partenaire d'organismes de formation, il intervient également dans le cadre de parcours diplômants liés à la paie, au sein du Diplôme universitaire gestion et administration de la paie de l'université Paris Dauphine, ou au sein de parcours RH de l'IGS.

Il co-anime des conférences d'actualité de la paie avec Véronique Gasnier, rédactrice en chef du Guide permanent paie des Éditions Législatives, en lien avec Élegia.

Contact auteur : www.02consulting.fr

Prépresse : GERESO Édition 2017

Achevé d'imprimer par La Manufacture - Langres 52200 en janvier 2017
N° d'impression : 170101 - Dépôt légal : février 2017 - *Imprimé en France*